モッチン

命名はトリペ。コンドウ家の第二子として誕生した、みけん力《りょく》が強い系女子。

私

人生二度目の出産を控える、しっかりものの(?)母。キャラクターデザイナー。

Contents

トリペ

歌とダンスが好きな3歳児。次女誕生でついにお姉ちゃんに！読み書きも上達中。

タロウイチ

第二子出産で大わらわの家族を支える父。フリーデザイナー。

はじめに

とうとうトリペがお姉さんになる日が…！

ついにモッチンがやってきます。

魔の時代２歳が終わって（？）ホッとしかけたのもつかの間…。

トリペの最後の１人っ子時代をお楽しみください。

第1章

モッチン降臨＆「つわり・風邪」Wの悲劇
～妊娠初期～

1. アン・ドゥ…モッチン！

話は前巻130Pあたりの
少し後から始まります…

トリペ おたふく
の後くらいですかね…

とにかく週一でも カラダ動かして
同い年
ドキドキ するなあ〜
整体の先生

当時人生最大デブ期を
迎えていた私と友人は
「どげんかせんといかん!!」ということで
近所の『初心者歓迎!! ストレッチを
大人バレエで!!』という言葉にひかれて
初めてバレエ教室に通い始めていました…

えっと〜 体験に きたんですけど〜…
ヘラ
コンニチワー
ヘラ
初心者デース

最初は「とりあえず体験いってみよ♫」
みたいな軽いキモチだったんですよ…

パープル
ようこそ!!
先生の名前
○○○○ バレエ教室へ!!
こい パープル
うすい パープル

ごーくっ…
!!

アン ドゥ トロワ!!
アン ドゥ トロワ!!
もっと ゆうがに!!
足も手も まがってる!!

話が…ちがう…

ちょっと…全然ストレッチじゃないじゃん…
なんで私タチ大マジメに通ってるんだろうね…
とにかく私は身体が固くて
ぶざま度で言えばLevel 100くらいの
ものすごい状態であったのですが
まあ少しでも身体がやわらかくなればいい…
フー
何事も続けてみることが
大事…とも思っていまして…
パンパン
はいっ みなさん集まって座ってくださーい
今年の発表会の日程が決まりました
ズッ
あと半年ほどしかありませんが皆さんがんばりましょう
ワー
は…？！
ワー
ワー
発表会2年に1回やるのよー
男性ダンサーも呼ぶのよー
ちゃんと全員参加できるのよーっ
楽しみねーっ
…これは…一刻も早く退団せねばならぬ…
そう思っていた矢先…の数日後…
親知らずを抜く予定だったので調べてみた
来週抜くよ
あっ
妊娠判明…
ちょっつ
ズルイーーッッッ
いや～…心底助かりましたわ…
モッチン…早速ありがとう…
友人も結局一緒に辞めた…

2. 病院さがし

さて…判明初日から親孝行の
腹の中のヒトを病院でみて
もらわねばなりません

病院をさがす…
えっと…

先生
慣れてる
仕事でいない
高齢
夫
仕事
非日常
元気モリモリ

前回は里帰りで産んだワタクシですが
今回はトリペもいるので、自宅がある
地域で産もうと決定…

うーん…近所にはないなあ…
HPがないけど…
あっ のりかえが面倒だけどここなら産むときもタクシーで…

なかなか出産まで扱う病院が近所に
見当たらず、ようやく口コミがよい
産婦人科を発見…行ってみることに…

ジークククク
ジークククク…

ボロ〜ン
○×産科
ジークククク…
ジークククク…
う…っ やってんのかな…

外観が…今にも倒れそうな その病院は…

中は…真っ暗であった…

しくったーっっ
なに…? この花柄カーテン…?
フランス人形…?
ホコリ
向かってきそうな造花

この…過労で先生がバタバタ倒れていってる日本の産婦人科で…
なんで他に誰もいないんだろ…
セミしかいない…
ジ〜ククククク
ぎゅ…
コンドウさーん どうぞー

妊娠判明初日から不安で
胸がいっぱいの私…

はいっ こんにちはっ
こちらに座ってねー
ニコー!!
ハ…ハア。
こんにちはっ
検査薬では陽性だったのね?
??
なぜかしら…部屋と反比例するくらい先生たち明るいわ…
ハ、ハイ…
ドキドキ
ぎゅ…
はいっ
もって!!
え?
マイク…?

これから内診するから初めて赤ちゃん確認したときのキモチを
ス…
マイクに向かってしゃべってね♡
ビデオとっとくから♡
フフ…
えーーっっっ
……
ボーゼン…
カーテン→
はーい コンドウさん足ひらきますよー
マイク用意してー
ウィ〜ン…
あれっ?
えーっ えーーっっ なんて言えば…
えっ?!

…まだ心音が確認できないなぁ…
ぬっ
あらあらじゃあマイク預かりましょうね
えっ
えっ
はーい じゃあ おりてきてくださ〜い
……
マイクを使って「えっ」しか言ってない人
ウィィィィィン
まぁビデオは次からとろう!!
毎回胎児ちゃんにメッセージ残すから!!
うちは100%立ち会いだからダンナさんに言っておいてね♡
えっ
えっ
次の予約…来週くらいにする?
いいヒトたちだけどムリだ…
えっと…ちょっと仕事の予定みて、またご連絡させていただきます♡
ゴニョ
ゴニョ
…病院、1から探し直し…
ちなみに2軒目いったところ…
尿を地下で出して1Fの受付まで移動…
こんなつなわたり毎回するの…?
先生
内診台には長いカーテンがあることが多いものですが
???
ヒラ
ヒラ
先生の顔サイズ…?
内診のカーテンはなぜかA4サイズ
看護師さんはイライラしている…
ヒー!
あと一回!!
あと一回だけ探していいですかっ
ゼイタクだとは思いますがっ
逃げかえってきた
ス…スキにしなよ…

3. 助言

こじんまりとした
個人病院…

紆余曲折あり、少し遠い産婦人科に
決定したのも束の間…

しえええええっ

少量の出血….

まあまだ心音確認
できないから…
とりあえず
様子をみましょうか…
しょんぼり

胎のうは大きいのに何も見えず…

つわりが軽くなってる
のが気になるなー…
お母ちゃん
どうして
ねんねしてるの

おなかから血が出ちゃったから
先生にねんねしてなさいって
言われたんだー

…それならウンチ
つまっちゃっただけですって
言えばよかったね…
便がかたくて
尻が切れたコト
アリ
うーん…

4. コラ…

つわりの乱高下をくり返し 再びやってきました産婦人科
なんだかんだで 2kgやせました…
オフ
…でおヌシはなんで座っている…?
ここは産婦人科じゃ…
で、これ誰の?
他の妊婦さんも数人立ってる…
30分後…
お待たせっ
スッ
キーーッ
おまえのにもつかいっっ
頭にでものせておけっ
心象風景…
コンドウさん!! 心音確認できましたよ!!
まだ怒ってる…
やーった!! やーった!! ハハハハハハ!!

5. 命名

トリペちゃんちには赤ちゃんいつくるの？
のしっ
えっ
よく聞かれてはいました…
心音確認できたのでご報告
つわりやつれ →
オフ
トリペー
赤ちゃんうちにもくるよー
!!

女の子？！男の子？！
うーんまだ分からない…
選べるっ？！
いや選べない…
いや…まだふくれてない…
そっかーだからおなかふくれてたのね
モチちゃ〜ん♡
えっ？！モチ？！
命名：モチ
トリペは女の子と男の子どっちがいいの？
女の子っ
男の子は…トリペちゃんにはムリよ…
えっなに何かあったの
ふう……

6. 祝トリペ3歳！

つわりもまっ最中の本日
トリペが3歳になりました!!

昨年はケーキをぼんやり見てた
だけだったのに今年は聞いてきた!!

私が子守唄をうたってたら
急にものすごく大笑いしてたことがあった…

ちなみに保育園にもご報告…

つわりで寝こんでいた…

7. きもちわるい　理由

?
寝苦しいのかい?

トリペがしまってもしまっても
腹を出す…

ムクッ
ギボヂクルイ
オエッテナル…
えええっ

はいっこの袋に吐いていいよっ
オエー

…結局 その夜は3回吐き…
熱は38℃…

しっかし楽になったなあー
きもちわるいって自己申告して袋に吐いてくれるんだもん…

成長に感謝する夜…

ああっさっきかえたばかりのシーツ…
ゲボッ
こんな夜が何度も続いていたのに…
トリペちゃん…
ヨロ…

おなかに赤ちゃんいるわ…こんなに吐いちゃって…
ウエ
いやキミの腹にいるのはウイルスだ…

8. 雨の検診日

雨の中、検診日…

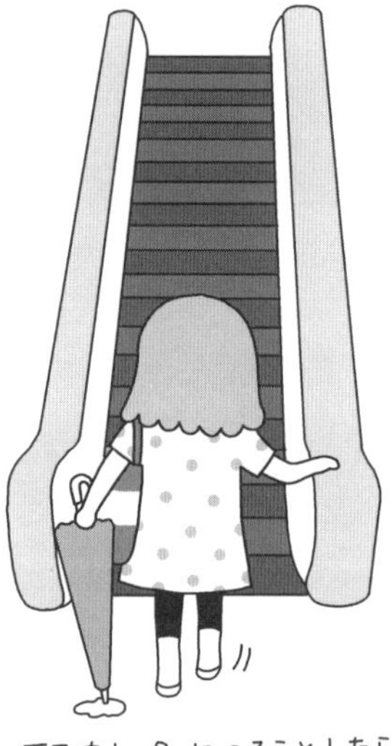

エスカレーターにのろうとしたら

エスカレーターが雨でぬれていた…

天井が…みえました…

しばらくして冷静になってから
腰がぬけそうになる…

採血で
きもちわるく
なったこと
ありますか？
イエー
…とか 余裕みせてたのに
あれっ
あれ…
すっすみません…
やっぱ きもちわるく…
あららら
ちょっと待ってー
トホホ…
情けない…
足を高く…
気にしないでね
妊娠初期は
つわりで調子悪いし
取る血液量も結構
あるから こうなる人
多いのよ〜
5分くらいで
よくなるから
神様…
ここに天使が
います…
あと尻がいたいです…
体全体のバランスも
崩れてるから エスカレーターも
気をつけてね

こんなの
イケてないっっっ
ぶわっっっ。

みのむし
みたいで
かわいいじゃーん
おーい
おーい
パシャ

イケてない
アタシを
写真に
とりおったーっっ
カッチーン!!!

ギャーッッ
ご…
ごめん…

母のデリカシーのなさで姫が
天岩戸（カーテン）に…

9. オシャレ感

でたわよー

いつも父とお風呂に入り
タオルをドレス風にまいてもらい
出てくるトリペ…

ムッスー

…こんなの…
ロ…
ローマ人風？

…今日は少しいつもと趣向が
ちがっていた…

10. お風呂とつわり

つわりが久々に調子よかったのでトリペとお風呂…

お母ちゃん洗ってくれてありがとね
えっ…
イヤイヤそんな…

わしゃ
わしゃ

お母ちゃん洗ってくれてありがとうね

えっ
イヤイヤいいのよ お礼なんて

このコも色々ガマンしてるんだろうな…
お風呂くらいがんばって入ってあげなきゃ…
しんみり

んっ
ムアッ

交代交代!!
ひー!

…はやくつわり…終わらないだろうか…

11. ○○したかった病

はっ
青のタオルでふきたかったアーッ
ギャーーッ
バッシィ
↑茶色
えええええっ

そんなの後から言ったってムリ もうふきおわったでしょ!!
わあああああ
最近「○○したかった」という後悔号泣がタタリトリペ…
翌日
今日は青いタオルでふきたいですっ
おうっ 事前に言っていただけたら用意できますよ…!!
さっ
…思い出したらしい…
本当にうれしいよ…!! ありがとう…
本当によかった…!!
青いタオル…
…本当によかったね…

どろ〜〜ん…
ああ…仕事の進みはのろいし…
すぐ疲れるし…
ご飯はテキトーだし…2人で外食にもいってもらってるし…
なんなの…このどうしようもない自分…
ぐー
自己嫌悪さえ長く続かず…
パチッ
あーはははっ
なんかつわり終わった気がするーっっ
なんか急に元気ーっっ
なんか食べよーっっ
久々に深く寝られたことによる万能感
オッ…
もうホントすぐ調子にのる自分がイヤで仕方ない…

12. 妊娠5ヶ月

早いもので妊娠5ヶ月になりました♡
いまだ絶賛つわり中…
オフッ
つわりって5ヶ月あたりで終わらないの…？
いや〜〜…〆切たまってるのにしんどいし夜も吐き気で眠れないし食べたら食べたで動けないし一体これはどうしたら…
いってきまーす
すまないねえ…
今日は夫の友人たちの集まりに呼ばれていたものの私はやむなく欠席…

13. トリペの七五三

ズビ…
今日は…

フー
フー
今日は…

うつった
風邪やみあがり
待ちに待った…七五三です…

や…やめた方がいいんじゃ…
フー
いや…遠方からわざわざお義母さんに来てもらってるし…着物も今日しか借りられないし…
でも人ごみで他人さまにうつしたら迷わくだから近所の小さな神社へ行こう…

空いててよかった…
アキちゃん大丈夫?!

近くの神社は平日ということもあり
幸い人気も少なく…

ミュー
ズ…

無事ご祈祷もしていただき…

!!
おいしいっっ

おいしいっこんなおいしいモノはじめてだよーっっ
一口いる？
ん…大丈夫…よかったね…
あとすごい頭ね…

トリペは千歳あめで初のあめデビューを
果たしたのであった…

ぐへっ
がはっ
げへっ

この後、本格的に
こじらせた…

14. ヤギ…

ミュー
絶賛ねこみ中です…
パク
パク
たっだいまー
さっ
お母ちゃん おねつはどうですか
ヨロ
ヨロ
あっ…
ぎっしり…
ここは保育園よーっ みんな仲よく お昼寝するのよーっ
え…

お母さんヤギが帰ってくるまでおとなしく待ってるのよ!!子どもたちーっっ
バタンッ
? ?
ヤ…ギ…?
オオカミはこなかった?子どもたちヤギ!?
お母さんヤギが戻るまでしっかりおるすばんえらかったわね!!
ウン ウン
ヤギ…ほめられました…

15. はたらいている…

つわり＆風邪がやっと去りました…

今回は入院しなくてすんでよかった…
生きた心地がする―!…

プレゼント～
はいっ
ありがと―

前の保育園のお友だちがあそびにきてくれました

おへそのあな

長谷川義史さんの「おへそのあな」という絵本をいただきまして

おなかの中で、おへそのあなから赤ちゃんがいろいろ見てるんですけどね…

…赤ちゃんってどこにいるの？
お母ちゃんと一緒!! おなかの中!!
いつも話してるでしょ

おなかに赤ちゃん いるのに はたらいてる お母さん↓
…おなかに赤ちゃんいるのに…はたらいてる…
ボソッ…
はたらかないで だらだらしていた
いやー オレの苦労がむくわれたって感じーーっっ
わーはははは
お母さん たおれてたのーっっ 仕方ない 仕方ない
ははははは
つわりだったし…
風邪だったし…
トリペちゃんママ どうしたのー
はたらかない おかあさん
…明日から… 身を粉にして はたらきます…

トリペが保育園に行ってる時はわりとはたらいてたんだよっ
見苦しい見苦しい

第2章

まさかの転院&主治医ラッキョとの出会い
〜妊娠中期〜

16. まさかの転院！？

んー？
ちょっと小さめかな…
今までも何度か言われてたんです…
もしかしたら排卵日がズレてたのかも
20週くらいが一番しっかりサイズを確定しやすいから
その頃予定日修正かけるかも
生理日から計算した予定日だった
ん〜〜
えっ 何ですか…
そしてその20週あたり…
ちょっと院長呼んでくるね
おなかしまっていいよ
えっ?! 院長?!

院長登場!!
お待たせしましたー
バーン!
7週あたりは？
このあたりは通常で…
うん うまくとれてる
予定日はどうやって出した？
ドキ ドキ
頼まれてもないのに何となく腹出して待機…
胎動はどうですか？
元気？
えっ

17. 大病院へ

ユウウツなキモチで
やってまいりました…
紹介された 大きな病院…
ココでいいのかな…
ドキドキ
トボ
トボ
ふぁ…

ばば～～ん!!!
でっかい病院はでっかいなあ…
なにを言っているのか…
すっごー!! 森の中にいるみたいっっ
でかーっっっ

…あるにはありますが…さすがに元気度までは…
まあそうだよね
ハハ

ちょっとお腹の赤ちゃんが週数の割に育ってないので
○○病院ってご存知ですか? 紹介状書きますのでそこに行ってみてください
今週中に行ってね
えーっっっ

ボソ
う～ん 胎児診療科… いや…産科でいいか…?
ボソ
なに胎児診療って…
ハラハラ
ドキドキ
心の声しまってーっっっ

どよ〜〜ん…

暗い無機質な病院で、不安なキモチを
抱えたまま長時間待ってたら
必要以上に深刻になってたと思うんですよ…

ピピ

順番がきたら鳴る…

待っている間、小さな
機械を渡されるので
どこで待っててもOK

どこに行くか
表示されるんだー
便利〜

あ、呼ばれた!!
ピーピー

どうぞ〜

一通り検査してから
診察室へ…

えっとね
お母さん結論から
言いますとね…
これ見て…

ハイ

イキナリ結論…!!

びくっ

いや〜…

病院こそ
明るくステキで
あれ…って
思うんね

なんか
カラフルで
いいね…

待つのが苦じゃないって
スゴイ…

カラーでお見せできないのが
残念ですが この病院は
内装も明るくカラフルで
患者さんやご家族の不安が少しでも
軽減されるよう工夫がされています

おなかの赤ちゃんの成長がグラフ内におさまってなくて小さいんです
あららららら…
2人目かあ 上のお子さんは？
何kgでうまれた？小さかった？
3650gです…
…立派に大きいね…
…ということで
子宮内胎児発育遅延
という診断らしく…
理由は分からない 胎児に何かあるのか 母体に何かあるのか
でもこのまま大きくならないと困るから
胎児→染色体に何かあるか
母体→胎盤か子宮内環境に何かあるか
または遺伝（小さく産まれる）
ワタシ
3800gで生まれました
多分これじゃないね…

…成長が止まっちゃったら出しましょう…
…26週までがんばってくれたらなんとか…
えーーっっっ
出して大丈夫なんですかっっっっ
26週までもたなかったら…
…まあ最悪の可能性の中にはそういうのもあります
…というわけでこちらに転院してください
よろしくおねがいしますっ!!

18. なんですと?!

資料…
もちます…
ボー然…
じゃあ血液検査して〜
来週その結果と
一緒に胎児診察
かんごふさーん

血液検査しまーす
妻が…
血をとりに
連行されて
いく…
あっそうそう

検査の結果
次第ではさ〜
入院になるかも
しれないから〜
いつでも入院
できるように
しといてね〜
!?
なんですと?!
ブホッ
のんきにボー然ともしていられない…

トホホ…
ズコズコ
鼻水がひどいので耳鼻科へ…
ガーン
そうだった…
休診日
ブラーン
…しっかり調べてよ…
お父ちゃん…
ハー
トリペ… 眉をひそめるように…

19. …お父ちゃん…

いや〜 なんか 疲れたなあ… ちょっと休んでから スケジュール調整を…
ヨロ ヨロ
トリペの お迎えに 行った →
ただいま〜
おかえりっ
いかん いかん また「はたらかない お母さん」って言われる…
ガバッ
…なんか… 風邪ひいてる…
ガフッ ゲフッ ゴフッ ズルッ
なんじゃ その咳と 鼻水っ
ひぃぃぃ…!!

20. 思わぬ展開

成長をあまりしてなかったら管理入院
胎児になにかあったら検査入院
再び病院へ…
スー

仕事のスケジュール調整して前倒ししていたら
あっという間に一週間たちました…

検査に一応…入院バッグもってく…？
決まったら持ってきてくれたらいいっ
そ…っ
なんでそんなでかいモン!!
キイッ

話の流れは変わりますが

今回は性別聞かないことにするんだー♪
お楽しみっ
ウホホ
おーっそれもいいねー
えーっ

…とか言ってたんですよ…
妊娠したとき…

性別内緒にしてくださいっ
ハーイ

前の病院の先生にも伝えてあった

ん…？
分からないのにのぞきこむ
なになになにかあったんですかっ
ピ
ピピピ

女のコだー

え…
え…

やっだ!!
もしかして性別聞かない予定だったの?!! ごめんなさいあたしったら
いや…いいです…もうなんでも…

お手数ですが
52円切手を
おはりください。

郵便はがき

104-8357

東京都中央区京橋3−5−7
主婦と生活社 ね〜ね〜 編集部

モッチンも。
トリペと5係 行

ご住所 〒□□□-□□□□ ☎　　－　　－

都・道
府・県

Eメールアドレス：　　　　　　＠

フリガナ

お名前

男性□　女性□
年齢（　　）歳
職業（学年）
［　　　　　　］

A.この本を買った理由を教えてください。

(1)著者のファンだから　(2)既刊が面白かったから
(3)本屋さんで見て面白そうだったから
(4)プレゼントとしてもらった
(5)その他(　　　　　　　　　　　　　　　)

愛読者カード

B.この本をどこでお知りになりましたか？

（1）著者のHP／Twitterで　（2）主婦と生活社のHP／Twitterで

（3）書店店頭で見て　（4）その他（　　　　　　　　　　　　）

C.今後読んでみたいと思う、コミックエッセイのジャンルやテーマがありましたら教えてください。

D.この著者の本で、今後読んでみたいと思うテーマがあれば教えてください。

E.この本へのご意見・ご感想をお聞かせください。

★このハガキの内容を本書の宣伝・広告に使用させていただく場合は、必ず匿名とし、お名前・住所等の個人情報は絶対に公開しません。また、ハガキは当社の個人情報に関する規則に沿って適正に管理・処分いたします。

愛読者カード

B.この本をどこでお知りになりましたか?

(1)著者のHP/Twitterで　(2)主婦と生活社のHP/Twitterで

(3)書店店頭で見て　(4)その他(　　　　　　　　　　　　　　)

C.今後読んでみたいと思う、コミックエッセイのジャンルやテーマがありましたら教えてください。

D.今後読んでみたいと思う、コミックエッセイの著者がいたら教えてください。

E.この本へのご意見・ご感想をお聞かせください。

★このハガキの内容を本書の宣伝・広告に使用させていただく場合は、必ず匿名とし、お名前・住所等の個人情報は絶対に公開しません。また、ハガキは当社の個人情報に関する規則に沿って適正に管理・処分いたします。

郵便はがき

お手数ですが
52円切手を
おはりください。

104-8357

東京都中央区京橋3-5-7
主婦と生活社 ねーねー 編集部

今日もきまぐれ注意報

トリペと4係 行

ご住所 〒□□□-□□□□　☎　-　-	
都・道 府・県	
Eメールアドレス：　@	
フリガナ お名前	男性□ 女性□ 年齢（　）歳 職業（学年） ［　］

A.この本を買った理由を教えてください。

(1)著者のファンだから　(2)既刊を読んで面白かったから

(3)本屋さんで見て面白そうだったから

(4)プレゼントとしてもらった

(5)その他(　　)

21. ゆったりと…

えっと今日の詳しい検査の結果ですけど
現段階では特になにも…
原因不明… ハハハ
つまり分かったのは性別だけ…
ただダウン症などの染色体の方は羊水検査をしてみないと分かりません
リスクが0ではないのでご希望を聞きます
イヤいいです
あとは今後「妊娠中毒症」を発症して〝あー これが原因かー〟とかもあるんですが
今はさすがに分からないし
ごくっ
ここは未熟児の高度医療もできる病院ですがそれでもやはり限界はあります
きっぱり
26週超えないと医療の介入では助けられない場合が多いです
残酷だと感じるかもしれませんが
そこは割りきって考えてください
はい…

まっ とにかく
ゆったり過ごしてください
頻回に検診しながら
とにかくまずは26週まで
がんばりましょう!!
なにか質問
ありますか？
あの…
バカを承知で
伺いますけど…
マタニティ運動
とかは…
あえて
そんなこと
やらなくていいから
ゆったり過ごして?!
…ですよね…
すいません…

22. どうだった？

ただいまー
ヤレヤレ
おかえりー
どうだった？
入院 今日はセーフか…
女子でした
えっ

23. ドキドキの日々

もし胎動が感じられなかったらすぐ連絡してください
…と言われていたので
…今日はイヤに静かだけど…
どうした元気か
日々ちょっとでも静かにされるとハラハラドキドキ
さーあ 1・2 3・4
無意味に運動してみたりして
おっ…
ポコン
腹のヒト…寝てたんじゃないの…？
あーよかった…

24. うちこめるもの

なにかをつくっている日よう日…

なにやってるのー
ねじをしめてるの

トリペもやりたいっっ

…っていうから
ダンボールに
やらせてあげたら
ずっと黙々と…
ねじを…
もくもくもくもく
ドライバーとられちった…
無になってるな…

トリペ… うちこめるものが
見つかってよかったね…

25. バラの花束

バラッ
おーーっっっ
黄色の…バラのヒト…

26. 久々に…

お母ちゃん…
トリペ…サンタさんにお手紙かきたいけど「さ」しかかけない…
もうすぐクリスマスです
トナカイちゃんにもかきたいけどいっぱいいるわよね…
はあ…
悩ましいクリスマスです…
じゃあさっ「サンタさんへ」はお母ちゃんかいてあげるっ
で、トナカイちゃんには「トナカイのみなさんへ」ってかいたら？
こんなことで…
…久々に尊敬されている気がする…

27. ドキドキ

2週間ごとに検診へ
行っています…

??
マタニティ
運動とかも
できてないしな…
フー
フー
↑未練…

安静にしようとしているために
体力不足になっているからか
とにかくすぐ疲れる…

よしっ
はみ出てるけど
ちょっとずつ
増えてるから○K
次また2週間後でイイヨ!!
フー

祖父の一周忌…
あのー
それじゃあ
実家に行っても
いいでしょうか…
自己責任でどうぞ!!

自己責任
う
気をつけてね

28. ステキな毎日

アキちゃん大丈夫？ゆっくりしとかなあかんよ
大変大変
まーまーまー
いやーなんか今回はどうにもしんどくて…
ヨロヨロ

実家です

ばあちゃん毎日朝晩じいちゃんにお願いしとるんよ赤ちゃんのコト
チーン
…じいちゃんも大忙しやねえ…

最初は心配しまくっていた祖母も

……
アキちゃんっ

ちいとは動かんかねっ
動かんからあかんのよっ
ホントに…このコは…
んごーんごー

動くときは食事と温泉のみ

…と怒鳴り始めるほど怠惰な生活をしております…

29. ゴロゴロダラダラ

食べて
温泉入って
昼寝して
また食べて
…怠惰を立体化したらアンタになるねェ…
トホホ…
そうそうアンタはこういう子だった

…アンタまだつわりが抜けきってないんじゃない？
えっ
それでこんなにダルいの？

母からの意外な指摘

30. いやな予感

ハハハハハッ

しばしの怠惰生活も終了。検診です

…そういやキミ、本来はそれくらい動けるんだったね…
キビ
キビ

怠惰生活期間を経てから
妊娠初期以来の快調っぷり

お…おおおお
しかも例の26週到達…!!!
なんかパンパン
トリペも太りましたが
このへん

モッチンもはじめてグラフの
一番下の線の上にのっかりました…!!

やったー怠惰生活バンザーイ
26週おめでとー♪
温泉で血流がよくなったとかですかねー♪
ワーイ
ワーイ

さあ

…ここのところラッキョが検診でよく当たるけどまさか担当医じゃあるまいな…
一言くらい「よかったね」とか言ってくれても…

目下の悩みは先生とものすごく
感じが合わないところです…

31. 明と暗

ラフをしながら待つ私

ちなみに今回は 13:00～18:00まで

病院にいました…

うまうま
サイダーみたいな甘い炭酸

妊娠糖尿病検査が
ありましてね…

← 飲んで1時間後の
血糖値を調べる

頻尿
甘いものを欲する
のどが渇く
ドキドキドキドキ

最近の自分を省みるに
少し不安だったのですが

正常値でしたよ
セーフ

あーははは!!
大丈夫大丈夫っ
お大事にっ
バタン

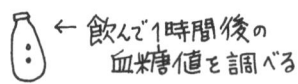

32. まだまだ！ うちこめるもの

鈴
笛
キリッ
ぐりぐり
…なんであそこまでめかしこんでからすることがこれなんだろう…
…まだ段ボールにドライバーでネジうつのにはまってます…

あっ山本さんどう？ 調子!! 入って入ってー
次だよね？
4
5
バタン
はっはっは〜
3
2
聞こえないし…
5
コンドウさん先生呼んでるみたい
いいなー… 1番のチームに入りたい…
活気…
チームのワタシ…

33. HI・N・NYO・U

ぐ〜
う〜ん う〜ん
妊娠するまでは私の腹の上で 寝ていたトリペです
おなかに赤ちゃんきたから お布団でねてね
ぱあぁ〜
やだ…快適…
W.C
3回目…
もう…トイレで寝たい…
頻尿もそろそろ疲れが見えはじめた 妊娠生活…残り100日…

34. ししまい

ブフ
『トリペちゃんはししまいを見てのけぞっていました』
保育園からの連絡帳…
トリペーししまいきたんだって？
ハハハ
そうなのよ…
ハー…
こわかったけどがんばって頭出したのよ…
こうやって…
ウン ウン

35. ももまんじゅう

で、今日は
特別オヤツで
ももまんじゅう
だったの
こんなの
トリペちゃんももまんじゅう
半分にして大事に
なくならないよう食べたの
…なくなっちゃった
んだけどね…
情緒深いオヤツで
あったなあ…

36. 干支

お父さんと
お母さんの
トリペちゃん今
干支にはまってて
教えてくれましたー
思わぬことで保育園の先生に
年齢がバレた瞬間…

37. ししまい、さまさま

ギャハハハハ
寝ません
あんまり
ねないと
ししまい
かみにくるど
ボソッ
ものすごく低い声
シーン…
…
ニムスのポーズ
ししまいよ
しばらく
助かるぞ…

38. ぐきっ…

ん——…
あ〜…だるい…

雨の日は不調です…

ぐきっ

鍼入れときますね〜
あーこれ ぎっくり背中だわー

私って… 私って…

39. 手作りしんど・ローム

着なくなったんだけどー
あっ いるいる

その昔母からゆずり受けたシャツ…

妊婦にありがちな手作りしたい症候群…

着なくなったので
リメイクしてトリペのワンピに…

これ…いいわ…

丁寧に返却される…

40. 厄除け

もうすぐ ワタシ たん生日じゃ ないですか…
あー そうだね
おねだり？
プレゼントとか 何もいらないんでっ
厄除けに 連れてって くださいっっ
ガッタン ゴットン
くそ〜 遠い…… しんどい……
キミが本気の 厄除けしたいって 言うから!!
ヨロ ヨロ
厄除けの殿堂にやってまいりましたよ…
大厄だし出産も あるから 超すごいの やるんだっっ
高いやつっ
ドキドキ
ずっとロクな コトないしっっ
好きにしたら いいよ…
はりきってん なあ…

自分でもつんだぞ
…あの金額の差は札の大きさだった…どうしよう…こんなでっかいの…
はずかしい…
その後先パイとランチしたんですが
おー…
ちょっとアンタコレなにーっっ
ギカハハハハ
見して見して
……
翌日
ちょ…コレ…頭の上におちてきた…
後頭部ねらって…
血出てない？
ひぃぃ…
すっすいませんすいませんっっ

41. チケット

うゅーん
うれしいよー
よかったよー

無事30週を迎えました!!
…ということで出産説明を
聞くことに…

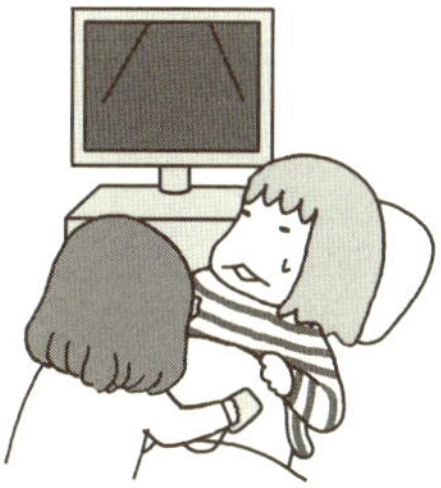

そして本日も詳しい超音波検査
したものの 状況は変わらず…

まあ急げきに大きくなったりはなかなかねェ…
少しずっ大きくなってれば…
ハイ
そうですよね…

そして 診察

ここはハイリスク妊娠に対応した
病院なので分娩費用も高いのですが…

?
?
胎盤処置料が入った出産キット?
オムツや肌着セット?!
別料金?!

…第1子(個人病院)では
聞いてないようなチケット制…
(↑売店で買うらしい)

○○ちゃん切迫で入院したらしいんだけどベットかたくてねむれないって〜
ヒソ
ヒソ
腰痛ひどくなっちゃっておひるね布団もちこんでるんでしょー?
食事もマズイんでしょ?
ハラ
ハラ

他の妊婦さんのウワサ話に
ほんろうされまくる日々…

この一言のみ ←
なんか質問ある?
また登場…
トホホ
…分かった… 彼は私の担当医なんだ…
そういや最近おなかの張りがひどくって… 先日は20分ごとだったので陣痛の前ぶれかと…
カッ
どういうとき?
えっ
…立ったり座ったりすると…ですかねえ…
↑ 初めて会話を投げかけられておどろいている
…寝てなさいよ…
大体あなたは積極的に立ったり座ったりしなくていいって言ってるでしょ!!
どろ〜〜ん
えっ
別に積極的に立ったり座ったりしてるわけじゃ
そもそも我々そんな会話らしい会話今までしてこなかったじゃないですか
…厄除けに行ったのは だまっておくことにしました…
おなかがはると胎児への血流がガクンと下がるからあなたは特に気をつけなさい
今日は主治医っぽかったラッキョ…
しかしもっと早く教えてくれ…
そんな大事なこと…

42. どこでねる？

赤ちゃんってどこでねるの？
えっ
トリペはどこがいいと思う？
そうね…
トリペは…ねぞうがわるいから…
赤ちゃんふんじゃうとあぶない…
お父ちゃんは…イビキがうるさいから…
赤ちゃん困るでしょ…
ガー
ガー
お母ちゃんのとなりじゃないかしらね
きっぱり

姉、冷静

会計
会計待ってる間に出産キットのチケット買いにいくかなァ…
ピーピー
あっ呼ばれた!!
お会計2万円になります
チケット代1万円×2
…あ…危なかった…!!
チケット買ってたらアウトだった…!!
ドキドキ
すいませんっチケット返すんでお金返してください…

43 . 立派な姉

さて
トリペ
のとき
わーっ 何買えばいいんだっ
オムツカバー？ ライナー？ 紙オムツ…？
準備にあわてふためいた我々ですが
今回は…
まあ家に あるもので 何とでも…
だれ〜ん
ご想像通り余裕ぶっこいてます…
キビ キビ
このラッパは モチちゃんいるかしらっ
あとオムツは いつ買いに いくの?!
ミルクはっ?!
なんか… 立派だねぇ…
反省するわ…
姉だけがしっかり 準備を整えております…

第3章

厄に花粉に大騒ぎ…からの。
～妊娠後期～

44. わたしのお誕生日

おたん生日です!!

パスケースを
なくしました…

(ピンチ用)
1000円
思いきり
ふんぱつチャージ
したばかりの
Suica…
ANA
テレカ(ピンチ用)
ANA
マイルカード
交通費の
領収書
言葉がない…

どっかに歩いていっちゃったん
じゃない?かわいそうにね…
きっとあるわよ…
トリペちゃん
保育園で
探しといて
あげるからね

保育園にはないと思う…

母から荷物が!!
地元でめちゃくちゃはやってて皆でのぞいてみてねー厄除けに♡
Happy ✩ Birthday
大厄ふっとばして出産ファイトー
ラピスラズリ
ハハハ
厄除け…

厄除け 厄除け!!
厄除けにもいったのに…
…母上様… ワタクシ、パスケースを落としまして…
母にかかると 全て厄除け…

わあああぁ
ぶわわ…
しかもつけてみたら かぶれた…

数日後…
えっ
カード拾得のご案内
ANAから 手紙が…
どうもカードだけではなくパスケースごと全部届けてくださった天使のような方がいらしたらしい…
うわーん ありがとと ありがと…!!

おくるみかと思って
買ったら思いのほか
大きかったカエル服
いいっ!!
カエル
いいっっ
むっくり
いい!!
最高!!
カエル
最高!!
ムー
脱けがらに…
抜けがらに…
ああああ〜

注目しすぎると途端に
やめてしまうので ムツカシイ…

45. カエル

え…

目のはじを…

カエルが横切っていく…

ぐうぐう

カエルが私の布団で寝ている…!!

46. デビュー

はくしょいっ
はくしょいっ

頭痛
ヅ〜
はれて痛い
つまったり垂れたり
咳、くしゃみ のどのはれ
頭部で無事なのが マユゲしかない…

しかし熱は出ない…
これは…もしや…

ボク専門じゃないけど花粉でしょ
ボクもだもん
やっぱりー!!

あの〜ムリだと思うのですが 今度の血液検査のときに一緒に花粉症検査してもらえたりは…

分かったってしょうがないじゃん
なんにもできないもん
妊娠中は通常と免疫状態が変わるし…
……
鼻たらしながら言われるとホント説得力あるな…
たぶん
花粉症…デビューしました…

47. マザーズクラス

分娩施設の案内など
あるのかしらと思ったんですよ…

内容は主に陣痛.出産などで…
当てられまくる1人追試状態の私…

分娩施設案内も入院説明も
期待してたのは何もなかった…

A先生なんだー
ラッキョチームの人…!!
!!
マザーズクラスでは数人の方とお近づきになり…
4月中旬予定日なんだけどA先生の人事異動の関係で
出産たちあえなくなるかもだから4/1予定出産でいくんだ～
4/2以降はもしかしたらいないかもって～
えええええっ
???
あの
に
子の学年をかえるほどの魅力がどこに…
1人ちょっとちがう感想…
それでいいの?! 学年変わるんだよ?!
予定日も中旬なんでしょ?!
先生、誰でもいいんじゃない?
うーん でも～
よくしてもらってるし－
どよ～ん…
よくしてもらってるのか…
私って一体…
コンドウさんからも何か言ってよー
経産婦でしょっ

48. なんでや…

そういえば先日のマザーズクラス…経産婦さんいませんでした…
えっ
…後日、検診の際チラッと聞いてみました…
あっコニドラさん2回目か…!!
転院してきたから情報が抜けてたのかも!!
A先生はもう～
ゴメンネッ
あの先生…ホンットに私に思いきり手ェ抜いてるな…

49. 赤いズボン

…
以前お下がりでもらった赤いズボン…
今日さむいしコレはいていったら～?
それはいていったらみんなにサンタさんって言われるんだもん…
ブフォッ

あのっ この血管確保ってなんですか…？
あーそれ
緊急時用の血管確保用に
点滴用の針さしとくの
うちでは全員やるから
外科的なコト→
苦手
えーとじゃあ…
これに関して希望出すことは…
ない
…唯一の希望だったのに…

50. バースプラン

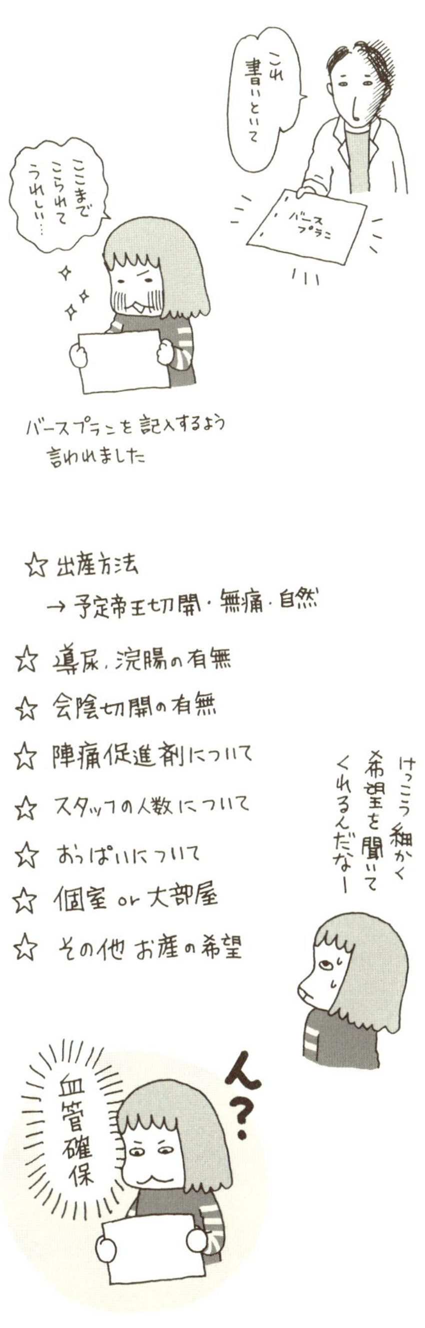
これ書いといて
バースプラン
ここまでこられてうれしい…
バースプランを記入するよう言われました
☆出産方法
→予定帝王切開・無痛・自然
☆導尿，浣腸の有無
☆会陰切開の有無
☆陣痛促進剤について
☆スタッフの人数について
☆おっぱいについて
☆個室 or 大部屋
☆その他お産の希望
けっこう細かく希望を聞いてくれるんだなー
血管確保
ん？

51. ある日よう日の朝

むっくり
んぐー
日よう日の朝…
スー
ぐぅ ぐぅ

さる描けたわよー
さる?!
?!
?!
うわっっ
1人で起きて1人で行動してた…

52. キックゲーム

赤ちゃん楽しみねーっ
赤ちゃんにトリペの小さいお洋服とくつをあげていい？
そしたら“ありがとう!! トリペお姉ちゃん!!”って言うんじゃない!?
毎晩うれしそうに話している
トリペの小さくなったお布団もあげようね!!
動物園にオンブして連れていってあげてぞうさん見せてあげるの!!
赤ちゃん泣いたらミルクつくってね!! トリペあげるから!!
もりあがってるねェ…
あトリペ おなかポンポンってしてごらん 赤ちゃんキックしてくるみたいよ
キックゲームっていうの
えっいいの…
ドキ ドキ
ポン
ポン
全然返ってこないわね
…ね…

53. 練習

お母ちゃん 絵本の読み方 おしえて〜
〝かあちゃんの〟とかは抜くんだよ…
おにの「お」!!
かあちゃんの「か」!!
赤ちゃんに読んであげるらしい…

ちなみにトリペのときは
シーン…
ポクン
もう1回…
返ってこず…
ウワサによると打った数だけ返ってきたりするらしい…
スッ
よーしもう1回…
!!
どかっ
ボコ
ゴッ
いった… マジいった…
しつこかったのか返り討ちにあった…

54. 連れてきたのは

お母ちゃんのおなかの中にアホウドリが赤ちゃん連れてきたんだよね
アホウドリ
!!
!!
エイッエイッて
押しこんだんでしょ?
エイッ エイッ
…なによ…
どっ
申し訳ないと思いつつ笑いがこらえきれなかった…

55. 親切

えーっと確かこの辺…
そろそろ真下が見えなくなってきました…
カポ
ありがと～
小さい手…
ハイッ
優しい…

56. まだまだ○○したかった病

早起きしたら電気をつけられる
今日は寝坊した…
ハッ…
電気ついてるし
活動してるし

朝から大号泣…
ギャアアアア
!?
わっ
なっなに…?!
電気は朝イ番に起きた人がつけるんだよ…
ギャー
いやだあ～つけたかった～

まだまだ「こうしたかったんだ」からの絶望はたまに顔を出す…

57. 私はシンデレラ

よく働く土日…
いろいろありがとうねェ
トリペちゃんシンデレラだからねっ
シンデレラは最初そうじや洗たくでコキ使われてからお姫様になるから!!
今は変身前!!
コキ使ってすみません…

58. 上達

アンパンマンの"ア"!!
リンゴの"リ"
のりまきの"の"!!
り
あ
ありの
心の中で"アンパンマンの"と言っていると思われる
文字をつなげて読むのはなかなかむずかしい様子
エライもんだね～
ブツ
?
ブツ
?
しかし"赤ちゃんに絵本を読んであげる"という目的達成のため彼女はがんばっていた…

それはある日

ウホホ
産む前にきてみたかったんだー

初めて串かつ屋さんに
入った時のこと

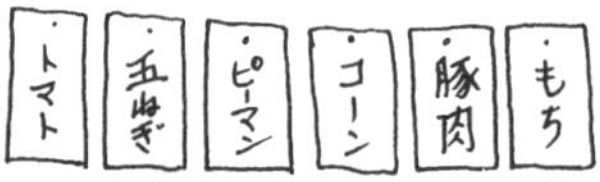
・もち
・豚肉
・コーン
・ピーマン
・玉ねぎ
・トマト

トリペ何にする？ えっとね…
色々あるね〜
メニューはね〜…

も…
ち…

もち

おねがいします
スッと読んだ…
スッと読んだ…

食への欲求が妹への愛に
勝った瞬間…

うーん ちょっと 身体をみて みましょう
バテ
バテ

今の状態を話してみる

頭つかい すぎてる
わっし
わっし

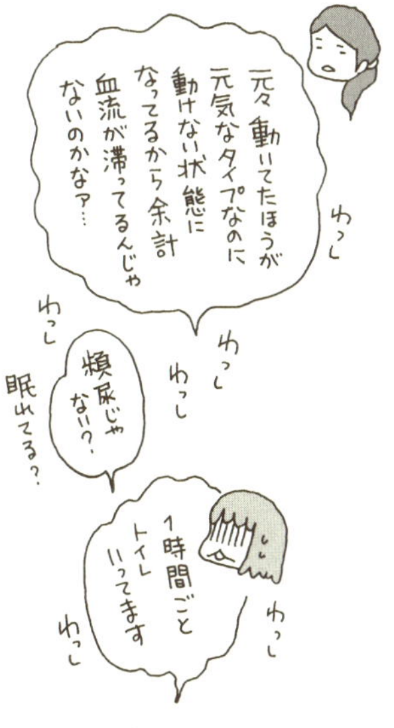
元々動いてたほうが 元気なタイプなのに 動けない状態に なってるから余計 血流が滞ってるんじゃ ないのかなァ…
わっし
わっし
わっし
わっし
頻尿じゃ ない？
眠れてる？
1時間ごと トイレ いってます
わっし
わっし

血流を流すという
オイルマッサージをやってもらい…

59. スッキリ！

キュ～
ててて…

よくお腹が張るので
張り止めを飲む臨月直前…

なんかよく 分からないけど
今回めっちゃ しんどい… ヤバい……
ずっとあまり 元気じゃ なかった…

なぜだかものすごく体力低下が
心配な今回…

友人がよかったって…
えっホント 見にいってみよう…

産後入院をさせてくれるという
助産院を見学しにいくことに…

なんかふつうの 家だ…

ぐぅ
ぐぅ
その日の夜…
パチ
ハッ
うおおおおおおっ
朝?!
すごーいっっ
連続8時間眠れたーーっっっ
朝よ
おはよーっっ
睡眠ブラボーッ
腹の張りも少ないっ
お母ちゃん元気だねー…

超久々に元気な朝です!!

スッキリ…
アタシ元気!!
びっくりするくらい身体が軽いですっっ
び…
よかったわね…
そりゃあんなに滞ってたらねえ…
ハッ
!!
もしかして実家で元気になったのも温泉入って血流がよくなったから…?

…真相は分かりませんが…

それはそうと
もう2時間待ってるよ!?
まだ鳴らないの?
どゆこと?!
呼び出し機

そこへきての1週間に1回検診…

ポリ
ポリ
ポリ
パタ
パタ

え…?!今…
かきのたね(小袋)
食って歩いてたの
アタシの主治医…?

…出産が近づくにつれて信頼感がどんどんうすまっていく…

60. 今のは…

産婦人科の検診は
ものすごく待つ…

本日もよく待っています

なんか変なのできてきちゃって
すみません追加したいものが…
すみませんコレまちがっちゃって
来月どうしても頼みたいことが
スケジュール

※産休(予定日1週間前)まであと1ケ月…なぜか各所からいろんな連絡が…

※厚生労働省の定めでは、
産休は出産予定日の６週前から取得可能です。

61. ある程度

超久々に電車に乗って遠出♫
血流にいい漢方処方してくれる婦人科さん行ってみる？
ちょっと遠いんだけど…
イエ…とてもじゃないけど行ける気しません…
ゼー
←血流流し前
助産院さんで紹介してもらっていた病院へ…
元気になったので行ってみることに♫
おじいちゃん先生であった…
ん――……

なんか胎盤について言われてる？
イエ…特には…
そう…
ちょっとね…血管が気になるの…位置というか…
出血が多くなる感じがするから事前に血管確保してもらっといた方がいいかも…
!!
○○病院なので全員血管確保は事前にするそうですっ
あー○○病院なの？じゃあ何がおこってもある程度は大丈夫だ
ある程度ってなんですかっ
ちょ… こわい…

62. 臨月突入！

えーとっ
助産院で教えてもらった
胃腸にいい野菜のスープ
うっ
魔女みたいだ…
ぐっ
ぐっ
すごい色
先生に処方してもらった漢方…
どっちもとってもマズイデス…
クラ
クラ
今までにない
マメさを見せながら
臨月突入です!!
ワーイ
ワーイ
本当になんだったんだ…この妊娠生活は…
やっと元気が持続しても臨月…
スープと漢方が効いてるのか…？

63. トリペお泊まりの日

じゃあ行ってきますー
ウキ
ウキ
いいなァトリペ…おりこうにしてるんだョ
そんなある日、トリペが初めて
私とはなれて夫とお泊まりに…!!
（トリペと同い年のお友だちがいる家）
パタン…
うおおおおおおおっっっ
3年半ぶりの完全1人や～～っっっ
しかも妊娠生活中で1番元気

まだ眠くないっっっ
たっぷりおあそびなさい…

それでもまだこんな時間…!!!

物音を気にせずTV
あっはっは
深夜のわるいおやつ♡

けられないっ
広いっ

1人で寝られる布団…!!
(いつもは$\frac{2}{3}$をトリペが陣どっている…)

うっ
げし
んが〜
トリペの布団

えっどうしよっ
何する?!
何する?!
そわ
そわ
そわ
そわ

仕事の電話だった…

とりあえず仕事して…

夜は友人夫婦が近くまで
来てくれて時間を気にせず
ゆっくり夕食食べて

ハ〜ヤレヤレ
ただいま

あのねっ ケーキとプリンつくったの!! エプロンもらったのよ!!
えっ いいなぁ
すっすごい 幸せな一日を…
友人手作り

な… 泣かなかった?
いや1度も
あ… そう…

夜もぐうぐう寝ていたらしい…　ふくざつ…

…からの10:00起き!!!

めっちゃくちゃ♡
エヘヘ…
むくんでる…

いや〜トリペどうしたかなァ…
お母ちゃんとはなれて寝られたかなァ…
昨日何度かメールしたが「大丈夫!!」しか返ってこなかった

64. 準備開始

なにやってるのー
赤ちゃんが ぶつかっても いたくないように してるの
ゴン
ああ!!
トリペちゃん ときも そうした?
した した
トリペ赤ちゃんはさ~ 何でも食べようと するしさ~
DVDが!!
お仕事がっ
ケイタイがっ
!?
ガンッ
お父ちゃんっ このネックラス 赤ちゃん食べる? このシールは?!
はっはっは 全部食べる!!

トリペが本気片づけを始めました

ごはん ごはん
フー

…熱 出さなきゃ いいが…

食欲も乱高下するので
それならいいけれど…

トリペちゃん… お姉ちゃんに なれるかなァ
えっ

最近よく聞いてくるので

プレッシャー かかってるん でしょうか…
お姉ちゃんだからとか お姉ちゃんになれないよ とか言ってないのですが…
それも あるかも ですねェ…
保育園では 元気ですよー

ぎゃっはっはっは

居場所がいろんなところにあるのは
いいことだ…

65. 居場所

1日はもらったエプロンで
はりきってお手伝いを
してくれたものの

フゥ…

ごはん!! ごはん!!
チマ…
チマ…

いつもの…ごはんにかける
貪欲さが…見られない…!!!

66. おなかいたい…

ぐぅ ぐぅ
ん〜…
予定日2週間前…
ゾク
なんでしょう
腹がいたい…
現在明け方4時…
初産じゃないからまだ電話しないけど寝てる場合ではない感じ…
腹の中の合戦のイメージ
どっこん どっこん
ズンコ ズンコ
金
痛くてイライラする…

昨日病院で
コンドウさん赤ちゃん増えてる!! すごーいい!!
急にどうしたのー
血流かしら♡
ウフフ
体調もいいんスよ
その後
近くに住んでる友だちとちょこっとお茶して
じゃあちょっくら産んでくるわ!!
まったね〜
ハハハハ
えっ
…どしたのー
ムニャ… ?
…とか言ってたからやる気出したんじゃ…このヒト…
どっこん どっこん

67. いつの間にか

よっこい…
♪
いつの間にか自分1人で
乗れるようになってたり
スッ
チー
えっすごいっ
自分で
しめられるの
前から自分で
できてたよ…
……
トリペが…どんどん姉さんになっている…

なんで
起きてくれたんだ？
あっトリペ…
お母ちゃんおなか
いたい…

そりゃ赤ちゃん
いるからしょうがない
きっぱり
正論…
うっ

まだ産休に入って
友だちと
ランチと
保育園の
集まりと
歯医者と
どっこん
どっこん
どっこん
どっこん
あと…少しがんばって!!
モッチン…!!!

68. バタバタ

からあげ… 2kgあげてます…

ジュワー

先日は願いが届けられたのか

おーし
いい子いい子ーっっ
なでこ
なでこ

痛みは日を追うごとにおさまり

前駆陣痛じゃない？
私もそう思う

珍しく主治医とも
意見が合い…

無事に
本日は近くの集会所借りて
保育園の持ちより会です！

からあげ担当

ギャーーッ
ぎゅう
ワーン
ぎゅう
お…おう…
大人は…どこ…
あっアヤちゃんもう泣いてるっっ

ギャー

大勢でおもしろおかしい時間を
すごしたものの…

まーた頭つかいすぎてるなっ
わっし
わっし
いや…でも2人目で何も考えずゆっくりするなんて不可能ですよ…

興奮しすぎたのか
助産院でまた頭をもまれる…

あとは…この魔窟を…何とか…

ポーン

昨日…
産休知らせを
出したところから…
予定日10日後の〆切で…
仕事依頼メールが…
ん…?

部屋と…メールを…
そっと閉じる…

69. 産休入りました

以前から
お知らせ
してた通り
産休に入るよ
申し訳ありませんが
あとはよろしくね♡
カタ
カタ

休む間の前倒し仕事も
完了〜〜
やった―
やった―

産休に入りました!!
(予定日10日前)

歯の健診もいって
クリーニングもしてもらい

フンフ〜♪

衣がえもして…

70. トリペの気持ち

これ全部着るの!!
突然のよく分からない主張…
3枚…
…それは…キツいから ムリじゃないか?
さすがに…

ギャアアアアア
えええええっ
?!
おいおい どうした どうした
ワアアアア
ポソ
…ちょっと泣いてみたかったんだよね…
なるほどなあ…

第4章

いよいよモッチン誕生へ…
～出産～

71. きた——!!

2人目ってわりと1人目と同じ時期に出てくるよ

…と聞いていて…からの
39週5日目…（←トリペが出てきた日）

むっくり

なぜか目覚めた
明け方5時半…

「なぜか」じゃない…
このリズミカルな
腹の収縮は…
ぎゅーむむむ…
陣痛?!

ん——…
ぎゅーむむむ…

とりあえず時間を
はかってみる…

10分…
なるへそ…

初産ではないので病院に
連絡するタイミングではあるのですが…

帰ってね
ボワーン
トリペと①参照
トラウマ…
でもなー
別に痛くないし…
また帰らされたら
イヤだしなー…
ぎゅーむむむ…

…とか言ってる間に
トリペが起きてくる時間が…
近づいてくる…

このままでは…
おはヨ〜
トリペが起きてくる
⇩
いってエエエ
うおおおおお
トリペがいる間に
陣痛強まる…
お母ちゃん大丈夫かしら…
ハァ
ハァ
気もそぞろ
ぎゅー
んー…やっぱ今のうちに…
入院する病院はハイリスク妊婦さんも多く子どもを一緒に連れていけない（感染症予防）ので起きる前に行くことに…
ちょっと
ねェ
起きて
ふくが！
がががが…
おいっっ
!?
年…とったざしきわらし…
キミは打合わせや急ぎの〆切ないなら登園後にくるように
陣痛きたからな行ってくるで
ぎゅーむ…
あと…タクシー…呼んで…
はいっただいまっ

あ…っっ
あの…っっ
○○タクシー配車
ムリだって…
×××タクシーで
いいかね…
運転荒いけど…
何でもいいから
はやく呼んでくれーっ
それでは…
トリペさん…
お母ちゃん
産んできますよ…
ぐぅ
ぐぅ
タクシー
タクシー
きましたァ…!!
よしっ
カバンとって
よっこいい…

がんばってーっっ
はいっっ
はいっっ
…ってなんじゃこれーっっ
ショッピングに行くんじゃないんじゃっ
入院バッグじゃ!!
ベシッッ

そうだったそうだった
ねえっオレ一体どこに行けばいいのかしら…!!
病院で聞けーーっっ
ぎゅーむむむむ

ユンドウ様ですかっっ
お…おそくなりまして…
もぎゅ〜〜む…
だんだん痛む腹と夫への心配と大きな入院かばんを抱えタクシーへ…
ご出産でございますよねっ ご希望のルートはございますかっ
え…っ?! いや別に…
というか大通り出て一本道ですよね…?
安全運転でまいりますっ
ではっ
ブー
わーっっ 逆!! 逆!!
どこ行くのっっ
くるっ
わざわざUターン
…え? あの大通りからこちらへいらしたんですよね…?
??
ハ… ハァ…
あそっか こっちか…
腹痛い… チェンジ… チェンジ…
えっと時間外なんで救急外来から入ってください…
ハイッ
あっ救急外来が
駐車場の中にあるっっ
駐車場代…とられないですよね?
ヒーフー ヒー
発券機にいるおいちゃん
…そこの駐車場のスタッフさんに聞いてみてはいかがでしょう
お願いですからこんな遠くにおろさないでくださいよ…
チェンジ…!! チェンジ…!!!

よろしくお願いしまーす
ハーイ
あっもしもし…
生まれた？
…生まれるワケないだろ…
ひーひーふー
(無事)入院中…

その頃のトリペ
とっちゃ…おはよ～
パク
パク
もぐ
もぐ
おかあちゃんは？
遅いなっ気づくのっ
？
病院いったよ
水イボ？
それはキミだ…

72. YES !

え…っと出産で陣痛です…
ハイじゃあこちらで受付を…
歩ける？
がんばってくださーい
やはり駐車場代はいらなかった…
さて… 無事病院についたワタクシです
こんなに痛いのにーっ子宮口開いてないから一回帰れってー
思い出すトラウマ…
ハラハラ
過去、そして近い未来の自分をみるような
えっと… 10分間隔…
受付をすませ
じゃあ診察してみましょう
歩ける？
ハイ…
診察室へ…
いざ診察…!!!
子宮口4cmですねー経産婦さんだし入院しましょうー
パァアアアア…
え…?! 4cm…!? Yes!! 経産婦…!!
こんなに楽に4cmにいけるなんてっ
ワープ
あっさり入院決定…!!! これは勝負、もらったも同然や…!!!

73. 陣痛初期

※LDRは陣痛と出産を同じ部屋で
行えるので移動がなくて楽なのだ…

陣痛はきているものの、まだまだ
呼吸法でどうにか出来るレベル…

※LDR…陣痛分娩室を表す略語で、陣痛から、分娩、産後の回復までを同じ部屋で過ごせる。

わーアキちゃん入院したんだー
そこで看護師さんに聞いて～♪
マザーズクラスで仲よくなった人（出産終了組）

そうそう!! 陣痛はまだまだ耐えられるレベルなんだけどね
座って座って
私は切迫気味だったからすぐ生まれちゃったんだよー

今寝ててさー
わーかわいいーっ
そうだったこんな大きさだった
ぐぐ

新生児をみせてもらったり

ヒー
ヒー
フー
さす
さす

陣痛中腰をさすってもらったり

談笑したり…

さす
すまないねえぇぇ
ヒ
ヒ
フ
さす

さすってもらったり…

イヤーどう?
夫 到着…
あっ はじめましてー
さす
さす
ヒー ヒーフー
誰…?
はっ はじめまして…
じゃあアキちゃん がんばってー
わーん ありがとーっ
お世話になりましたっ
ハー!! マザーズクラスの友だち…
…で、どうなんスか 調子は…
4cmから特に進まず…
あっ
立った!!
ヒ ヒ フ
スクッ
あっ 陣痛 おわったの…
あっそうそう ワケわからなく なる前に…
スッ
テニスボール授与…
ハイ
よみがえる 3年半前の悪夢…

74. 攻めの妊婦

コンドウさーん
診察しますねー
失礼しまーす
この部屋で
みるのか!!
すごい!!!
外に出された…
うーん…
4cmかなー
ガーンッ
全然進んで
ないっっっ…!!
もらったと思っていた勝負に
早くも暗雲がたちこめる…
先生…ワタシ
ここまできたら…
帰るわけに
いかないんです…!!
んー?
階段
のぼりおり
してきますっ
あーうん
あまりムリせずに
しておいでー
今回は攻めの妊婦の私…
フー
フー
階段の…

フーフー
大丈夫～
のぼりおりは…
…つまらない…
え？
階段のぼりおりは すぐあきてしまった…
トントン
コンドウさーん お昼ごはんでーす
あっそう？ それじゃ…
キミも今のうちに 食べといでよー
いただき まーす
あっ 帰りに 売店でアイス 買ってきてー
あつい からー
アイス!! アイス!!
う… ウン…
やっぱり帰る ことになるんじゃ…

ボソッ
まだまだだな…
……

ほらっ見てくださいっっっ先生!!これ!!
ヒーヒーフー
イヤ。。
これはさっきまで…
パタン…

主治医がやっときたかと
思ったらコレ…

ヒー
ヒー
フー
だんだん
ボールの出番が…

お昼も食べおわり…
陣痛の間隔もだんだん
せばまりながらも…

ピリッ

やーれやれ
休ケイ
休ケイ
アイスモナカ

合間合間はしっかり休める
出産2回目の我々

どう…
ガチャ

75. いよいよ本番

主治医から見放されて30分くらいが経過した頃…
大声
ヒーヒーフーー!!
…いよいよ見境がなくなってきました…!!
尻!!
尻
よしっ
その調子!!
時々ほめたりもする
ぐーーっ
ダンナさん!!あのっ私やりますから…
お茶でも飲んで休けいしてくださいっ
あっじゃあ次のタイミングで…
もうボールじゃ効かなくなってる…
担当看護師さんもつきっきりになり始めてくれて…
廊下で一服…
いや～さすがに今回は起きとかなきゃな…
ホゥ…
ギャーわあああ…もうやめる～イヤァア…
やめられるわけないでしょっ
他にも出産する人が…
やめて～イヤ～
尻!!尻!!
LDR
LDR
ハラ
ハラ
完全に休ケイにならず…

76. MU・TSU・U

ちょ…っと お手洗いに… 行ってきます…
ハ、ハイ
ハァ ハァ
ヨロ ヨロ
あっ
いまごろ〜 おしるしが〜 きました
ヒー ヒー フー
W.C
あっ… 出てからで 大丈夫ですから…

え?無痛で この病院えらんだんじゃないの?
いやー 私は転院で
あれは数ヶ月前…
無痛って 注射で麻酔入れなきゃ いけないのこわくて…
えー
あのっ
ここ無痛できましたよねェ?!
無痛!!
無痛!!
ちょ… コンドウさん 何言い出してるんですか…

無痛!!
無痛!!
いま〜6cmっていったアアアア
聞こえてたっ
無痛!! 無痛!!
チラ
ここまできて何言ってるんですかっ
えっと…17時…いや17時半までギリ大丈夫かな…
あっお父さんお迎えの時間があるんですよね何時までいられますか
尻とかじゃなくてぶっちゃけ肛門〜〜肛門イタイ〜〜

77. 愛のサバ読み

ヒーヒーフー
無痛!!
無痛!!
今〜は〜ムリィ〜
ヒーヒーフ〜
ほらっコンドウさん進み具合みてみましょうね
コンドウさん!! 8cmになってます!! あとちょっと!!
がんばりましょ?! ね!?
ヒーヒーフー
8cm?! ならガンバル〜
6cmです
ボソッ
ウン
だましたなっっっ

78. 産みますっっ!

17時…
半!!

私は常々お願いしていた…

お父ちゃんが病院にいられる時間に出てきてくれると助かるんだよー
頼むゎー

いってェエエエエ!!!

ふひひー
コンドウさんっベッドにあがってください
ゴロゴロ

あっ
!!
ほぼ全開!!
血管確保します!!

ベン!!
全開だって〜コンドウさーんがんばりましょーねー
ガラガラガラ
コンドウさんもう少し上にあがれますかっ
↑足カバーをつけてくれてる
今はムリ〜〜
地獄からのような声…

助産師さんの一声を合図に猛スピードで始まる分娩準備…

お父さん出てくださーい
ポイ
ちょ…ちょっと…?!
?!
なんでっ?!
コンドウさーん ちょっとだけ力入れてみてー
ん〜
???
よく分からないまま
少し力を入れてみると
パチン
と風船が割れたような
感覚があり…
わ…われた…
ひぃぃぃ…
破水しました—
ぞわ〜
下半身が生あたたかく…
よしっっ
産んでいいよっっ
ドンとこいっ
…と先生のOKも出ましたので

私のお得意の場でございますっ
一回しかやってないが
ん〜〜っ
コンドウさんっ目をあけてっっ
忘れてたっ
あっっそうか!!
陣痛にあわせて〜
ん〜〜。。。
またほめてもらう↓
うまいっっうまいっっ
?!
…あとちょっと!!(自分感覚)というところで陣痛休ケイが入り
?!
?!
?!
いった〜〜!!!
えも言われぬ痛み…
赤ちゃんの頭はさまってるからねー
次の陣痛まで力入れないでねー
えーっっっ
なんではさまった!! モッチン!!!
陣痛はやくきてくださいっっっ
はやくっっ
軽くパニック
さっきまで陣痛に苦しめられていたのに陣痛を待ちかまえる私…
はさまってるはさまってる
はさま…っっ?! な…何が…??
??

79. モッチン、生まれる！

ズム…
ズム……
ズム……
ハ〜……
陣痛の足おと……っ
ス〜
ズフアオ〜〜
これでっ決めるっ
ふっ。
あっ出たーっっ
もういいよっ
短促呼吸!!
えっ

ほーい出た出たー
??な…なに…?
この妙な間の悪さ…
短促呼吸
ハッハッハッハッ
ズル
ちょっと私にも見せてくださいっっ
ほら〜生まれた生まれた
お父さ〜ん
おー
ハハハ
ハハ
げ…元気ですか?
え?

うん!!
2700gもあったし
元気な女の子です!!
がんばりましたねー
そんなに?!
よかった…
じわっ
ホ…
体重を聞いたとたん何やら
体の力が抜ける感じがした…
おつかれ…
あの…
お迎えの時間…
大丈夫…?!
ハッ
すっすぐ
行ってきますっっ
ギャーッ
元気に…
モッチン誕生です!!

第5章

姉妹、初対面。
こんにちはモッチン、私がトリペよ♥

トリペのときの産後ハイテンションとは
うって変わってもうろうとしていると…

貧血か…？

コンドウさん
ひょっこリ
ゴホッ
瞬時に目がさめた

いや〜まだまだかと思ったんだよ、のんきにアイス食べてたから
意外にはやかったんだねーあと体重も2500こえるとはーびっくりだねー
ペラ
ペラ
ペラ

80. ラッキョ、登場

さて…私にはまだ1つ仕事が…

ありゃーまだ出るなァ…
ちょっとおなか押すよー

ひぃ
ジャブ

先生がおなかを押すたびに
血液が出る感覚がある…

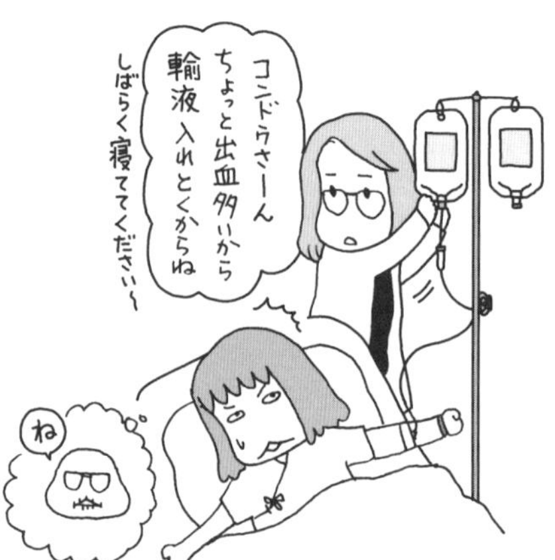
コンドウさーんちょっと出血多いから輸液入れとくからね
しばらく寝ててください〜
ね
ポワン

おじいちゃん先生…!! ホントでした…!!!

81. 立てない…

さあっ輸液も終わりましたから お部屋に行きましょうかー
あっさきほどは いろいろと 失礼いたしました…
無痛だの肛門だの
イイエ〜
うふふふふ
病院は取り乱す人が 多いだろうから… 医療関係者の方は 大変だな…
あっ私 トイレに 行きたい のですが
えっ
貧血になってますから 危ないですよ…
肩につかまってください それか導尿を…
イヤイヤ なんの
大丈夫 ですよ
スッ

ま…出血量多かったから ゆっくりしたほうがいいよ…
ぽかーん…
パタン
…こうして顔を 見せにきた(出産後に) ということは やはり彼は 私の主治医なのか…
しかも起こされた…
…きつねにつままれているようだ…

82. 母の願い

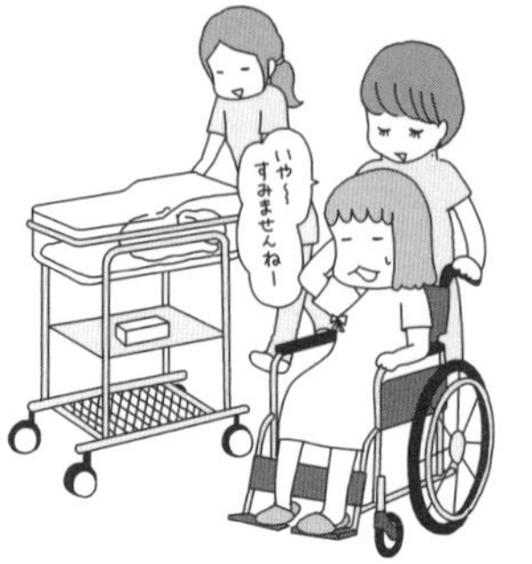
いや～すみませんねー

無事トイレに行き、親子そろって 部屋に運ばれる…

初日はこちらで預かることもできますが…
イエイエイエいいんですよ!!

じゃ何かあったらナースコールしてください
ピシャ

いやっほ〜
うおーいっっ!!
モッチーン!! モッチーン!! おきて〜っっ
さっ

経産婦は赤子を静かに寝かせておかない…

くらん
フワ

ストン…

ホントだっ立てません!!
車イスもっていきますから…
座ってて…

ぐへへへへへ
おっぱかー!!
仕方ないなーア♡
ふにゃっ
ふにゃっ

自分で…起こしたくせに…

2人目のほうが
子宮もどるの
痛かったで…
う…っ
ドキ
ドキ
←授乳クッション

…とか聞いていたのでドキドキの
初乳…

ほ〜…

思ったよりひどい痛みでなく
ホッと一息

モッチンおっぱたくさん
飲んでお母ちゃんのブタを
なおしてね♡♡

生まれて数時間で
母の願望を一気に受けるモッチン…

あっコンドウさん
言い忘れましたけど
熱が…
ガラッ

…ハイ…
そー
フワ
…熱が出てますから
なるべく寝られる時に
よく寝て
ください
あと鉄剤とか
そこの薬飲んどいて…

おおっ
ふにゃ〜

83. ちょっと待って！

……
お迎え…
大丈夫？
!!
ちょっと予定より
過ぎちゃったけど
あわわわわっ
ひーっ
タクシーで
とばしてもらえば
何とか…
だっっ
お父さん
ちょっと
待って
ぐえっ
ぐいっ

奥さんね、今日のレジ終わる前に
産んだから
入院時
預け金払って
いって
1Fの
窓口でね
ハラ
ハラ
ひ…
ひいいいいいい……
そっそれって明日じゃ
ダメですか?! 保育園
しまりそうで…
お金なら
この通りちゃんと
用意してるんですっっ
さっ
うーーん
私じゃ分からない
わ～ 1Fで
聞いて～
それなら
払うっ
ひ～っっっ
聞くのに
並ばなきゃ
だからっ
会計
ズラララララー
キャーーッツツツ

84. お姉ちゃんになった日

本っ当に…本当に申し訳ありません…!!!
5分…10分…15分遅れるかも…
だんだん増えてる…
ひいいいいいいっっっ
まっくら…
帰宅中の園長先生
申し訳ありません〜〜
あっお父さん!!
ズダダダダダ

担任の先生がトリペと待っていてくれた…

おめでとうございますー
本当に本当にありがとうございますっっ
ごめんねっトリペ。遅くなって…生まれたよ!!
あぁ…涙のあとが…
誰が?
ずっしゃあ

お姉ちゃんになった日…

爪はそっこう切りましたしね…

えっ爪って勝手に切っていいの!?
そうなんだよ初産ってなぜか爪切るのもちゅうちょするよね…
隣の部屋の友人

あっ飲むヨーグルト

今日はトリペがお見舞にやってくる…

そろそろかしら
コンコン
コンドウさーん

ここは面会場所も面会時間も決まっているのだ…

85. いよいよ！

??
??
ドキドキ
アワアワ

初産の頃、やることなすこと初めてで、ものすごくバタバタしてたように思う入院生活ですが…

ぼえ〜
ヒマ…です…
ぐーぐー
コッチもよく寝てる…

目がかすむ…

ただ、産後は前の方が元気だったように思います…（貧血だからかもですが）

お母ちゃん!!
トリペ～
がっし
でっか…!!!
赤ちゃんは?
しかもなんか汚れてる…
?
いや～久々に見たらでかいでかい
新生児を見続けた後の
3歳児の大きさといったら…

86. トリペ姉さん、参上！

検診いってきまーす
いっ呼ばれるか分からない…
ゴロゴロゴロ
えっ
お姉ちゃんがくるのに…
連れてかれてしもた…
あっ
きたよ

87. どうぞ♥

赤ちゃん検査に行っちゃった…
ずこっ
ずこっっ
リアクションもとる3歳
せっかくもってきたのになァ…
はい

お母ちゃんと赤ちゃんにタンポポ
汚れてる…とか思ってゴメン…!!
それでか!!
ありがとトリペ!!
ゴツ
ゴツ
お母ちゃんもあるんだっ
飲むヨーグルトッ
おおおおっ
いいの?!
…朝か昼に出たの?
コク…
…この階から一歩も出られませんけん…自分…これくらいしか…
ズゾー

おー
うんうん
面会？
私はミルクバー行ってきた
!?
ミルクバー?!
ナニソレかっこいい…
ミルクバー
あ…、授乳室…
なるほどなるほど
。。
トリペに会って興奮したかな…
夜中…ちょっと目がさえたので

88. …ないわー

じゃあ…
あーお父ちゃんちょっと…

?
わあっっっ
気づかなかった!!
シマシマにチェック柄に水玉はないわ～

89. ミルクバーへ
ようこそ！

…
ゴロゴロ

ゴロゴロゴロ…
モッチンが起きたのを
みはからって ミルクバーへ行ってみる…
あっ アキちゃん…
ぱっちり…
…授乳クッションがもう身体の一部なんだけど…
ハハハ
あー分かるわ…
ところで目パッチリあいてるね…
そうなの…なんか気合入っちゃってこのコ…
寝ない…
私…お金もちになったら昼寝カフェつくる…
授乳中のお母さん呼びこむのよ…
夜中の3:00にこんな語らいができるのも
ミルクバーのいいところ…
私、昼寝カフェつくるから
まだ言ってる…
彼女は卒乳まで言い続けた…
うーんミルク足した方がいいかなァ…
ん――っ
エライ…授乳後に体重はかってる…
そんなコトすっかり忘れておりました…
…まぁ…足りなかったら指導が入るだろう…
私は…いつから…
こんなテキトーに…

90. モッチン つれていかれる

ん—……
ちょっと連れていきますねー
ああっ
を
ゴロゴロ
翌日…早速指導が入った…
トリペの時…乳母になれると言われて
調子にのってたけど足りてなかったかしら…
確かにあの時みたいにふき出すほどは出ない…
円座クッション
コンドウさん〜上のお子さん黄だん出ました?
黄だんが出ちゃってるー
でっ出ました母乳性の…!!
ぐえ〜
を
あの地獄の日々…!!!

そっか…母乳性だったらいいんだけど今日から退院まで検査します
結果によっては退院が赤ちゃんだけのびるかも…
えーっっ
…ワ…私だけ産後院いくの…?
いい…いいのかな…
……
…血液検査したからちょっと怒ってるね…
めっちゃにらんでる…
ごめんねー
検査から戻ってきたモッチンはカンカンだった…

91. 姉妹、初対面！

モッチニ!!
また
もってきてる…
ベチ
ほーら
トリペ姉ちゃーん
トリペとモッチニ
姉妹初対面です
（面会室に新生児は連れて
いけないためガラス越し）
モ…
モッチーニ
妙に照れて小さく名前を
呼ぶトリペ…

92. …ん？

新生児室で
お預かり…
どうだったー？
ちっちゃかった!!
かわいかった!!
お母ちゃん
ハイ♡
わーっ
ありがとっ
ん？
なんか
待ってる…？

93. 感じる視線

わっほう♡
お祝いランチが出ました
ウム!!
おいしい
おいしい
じーっ
じーっ
↑
基本静かだが
目力がある…
眉間力というか…
モッチンは… 今日も血液検査を
されました…

あ…ああ
コレかな…
さっ
ワーイ
ヤクルト!!

…なんだろう…
いつの間にか
物々交換的な…
純粋な
お見舞
からちょっと
はなれてるような…
ごっきゅ
ごっきゅ

94. …ん、ん？

お母ちゃん!!
今日タンポポなかった…ごめんね…
いいんだよー まだもらったタンポポ咲いてるよ
待ってるな…
…
パク パク
…なんちゅうか よく毎日こう丁度いいおやつが出るね…
助かってるよ…

95. 甘い誘惑

今までは意気ようようと帰っていたトリペだったが…
がっしり
トリペ…
今日ははなれようとしなかった…
トリペ お母ちゃんとモッチンもう少ししたら退院するからさ…

うえーい!! お父ちゃん アイス買いに いっちゃお!!
うへへ

えっ アイス!?
パッ

ダーーッ

あれ〜 お姉ちゃん もう帰ったの?
うん アイス 買いに帰った…

96. 無事、退院！

ドキ
ドキ
え〜〜〜
ここにも円座クッションが
黄だんは母乳性のものですね
他には特に問題ありませんので退院OKです
え…っじゃあ母乳を止めたりしなくても？
大丈夫ですよ
後は1ヶ月後の検診予約とっていってくださいね
あの地獄をくり返すのは本当にカンベン!!だったので助かった…

授乳間隔？
ほしがったらあげてください
少し前は○時間ごと、とかあったけど…
ほんっっっとに育児のアレコレは数年でコロコロ変わるな…!!
3年半ちがい
姉妹という数年でもやり方がコロコロ変わるので
なんなんだ…
育児の仕方は変わるものって
産んだ人だけじゃなくて全世界全世代の人が知るといいと思うヨ…
いやー やっとトリペ姉ちゃんと会えるね…
されどビラビラは変わらず…
無事 母子そろって退院です!!

第6章

＋（プラス）モッチン生活。
やってきました、赤ちゃん返り！

97. 産後院へ

私が産後院に
お世話になる数日…

夫とトリペは
夫の実家に
あそびに
行くことに

あっすごく 疲れてる…!!!
なんだ これは…
フー
フー

いざ荷物を用意してみると
意外に消耗している自分にびっくり…

??
お母ちゃん がんばって

トリペに手をひいてもらって…

産後院に入院…

きちーん…

モッチーン
ベタ
あ…あの…
ベタ

おさわりしほうだいの
トリペ…

病院にいるときは もう元気そう!!って 思ってたのに…
情けない…
なんでこんなに 体力ないんだ…

自分のふがいなさに
涙が出てくるが…

あーきました きました ホルモンの 乱れ!!
ホルモンに ほんろうされて めんどくさい 状態の私よ コンニチハ!!

…ホルモンがこうしているんだと
いうのも理解している経産婦…

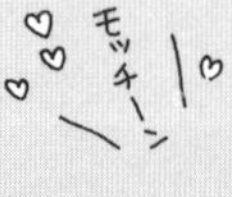
モッチーン

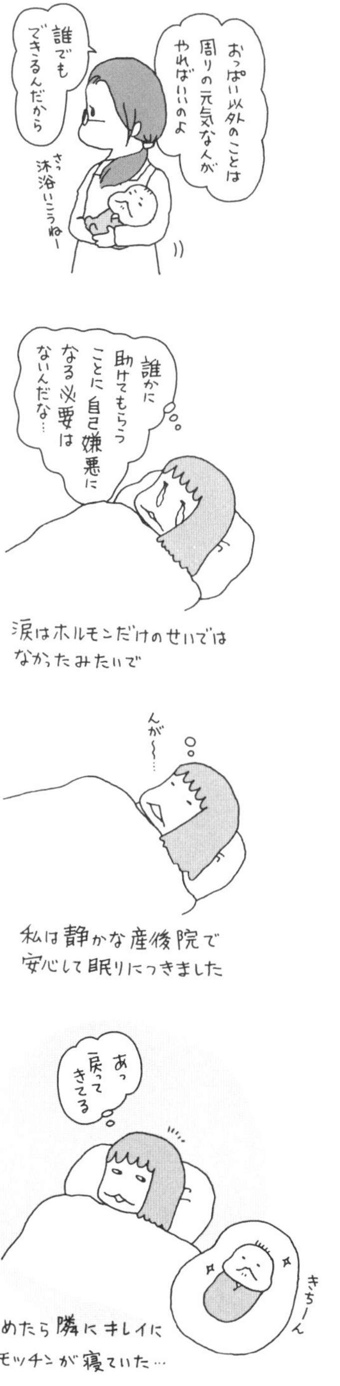

おっぱい以外のことは周りの元気な人がやればいいのよ
誰でもできるんだから
さっ沐浴いこうねー
誰かに助けてもらうことに自己嫌悪になる必要はないんだな…
涙はホルモンだけのせいではなかったみたいで
んが〜…
私は静かな産後院で安心して眠りにつきました
あっ戻ってきてる
きちーん
目がさめたら隣にキレイになったモッチンが寝ていた…

98. ぐっすり

いってきまーす
そうして2人は旅立っていった…
いやーしかしこんなに産後の疲れがあるとは…
なんでなのでしょう…
助産師さんについもらす…
人間1人ひねり出してるんだから当たり前です!!
寝なさい!!
ひぬ…
子育てなんてこれから20年くらい続くんだし
産んだ直後の1ケ月くらいムリしてでも休みなさい!! 産後を軽くとらえてる人が多すぎる!!

99. とにかく休んで

パク
パク

おいしいごはんをたっぷり食べて

うっくん
うっくん

やることはモッチンの
オムツがえとおっぱいと
自分の世話（悪露などの）
くらいの私に

ガンガン
突如ナゾの頭痛が…!!!

ケイタイでメールしたりしてなかった?

えっ…してました…
トリペが心配で…

産後はホントに疲れてるんだってば!! 目も想像以上に疲れてるの!!
そりゃ頭痛もきますよ!!
もみ
もみ
もみ
アイマスク

とにかく身体を休ませること徹底してくださいっ
よく食べてよく寝る!!
ハイ…すみません…
“休みなさい”って怒られるのいいなぁ…

100. 厳しい現実

ぐぅ
ぐぅ
ぐぅ
ぐぅ
食事を3食用意してもらい…
なるべく寝るようにして
いい感じ
ウン ウン
乳の様子もみてもらい…
そういえば1人目の時みたいに「ドバーッ」と
あふれ出る!!という感じはないのですが大丈夫なんでしょうか…
そりゃおっぱいだって2回目だから1回目の時みたいに可能な限り出す!!みたいにはならないわよ…
えっ

ガーン…
もしかして…
…ということはヤセないのでは!?
1人目の時はやせた…
ホホホホホ
かりそめの巨乳
まああなたはよく出てるから足りてる足りてる
…乳やせを期待していたのだけど
とんでもない現実を知る…
その頃のトリペ
お父ちゃん見て見てー
ブローチ
あっ飛んでっちゃったー
おりこうにしていたそうです

101. いよいよ我が家へ

本当にお世話になり ありがとうございました!!
ムリ しないでね

産後院退院です!!

目のかすみと ふらつき感が
大分 減った気がする!!

この数日で回復が一気に
グーンと進んだ気がする…

トリペ姉ちゃん 帰ってるぞー
あっ

家には…トリペのくつがあり

お母ちゃんっっ

トリペ〜 おりこう だったねー
オレらも 今さっき 着いたの
なんですか このさわがしい ところは…

実に8日ぶりの我が家…

アキちゃん おめでとう〜!!
モッチこちゃん はじめまして〜
-はじめまして
お世話に なりまして…!!
そして お世話に なります…
私も…

そして夫のお母さんが来てくれた…!!

でかいな…
これくらいに見える…
そして近いな…

入院前より3倍ほどでかく
なったように感じるトリペ…

おっぱいだし
ああハイハイ

ちっちゃいし…
でっかいし…
トリペも飲んでた?

混乱…

102. 大きい、小さい

さあさあまあ寝てくださいよ…
すまんのう…
Oh…!! 愛しの我が布団…!!

な…なんかいいのかしら…
お義母さんに家事させて…私…

トリペちゃんも入ろーっと!!

103、ごめんね、トリペ

今思うとトリペは
ものすごくがんばっていたと思う…

だからその日の夜は
（私が帰ってきた日の夜）
気が抜けたのだろうとも思う…

私は私でこんなに大きいのに
（モッチンに比べて）
どういうこっちゃ…とも思って
しまったのもあると思う…

**トリペッ
なんなのその
だらしない食べ方っ
そんなら食べなくて
いいっやめなさいっっ**

大声

ずっとお母さんとはなれてがんばってた人

いつもはよほどの危険がない限り一発目で怒鳴らない人

ハッ…

忘れられない あのかなしそうな顔…

ほらトリペちゃんもお母さんと会えてうれしかったんだよねずっとがんばってたんだもん

お義母さんあわててフォロー

しゅん…

トリペは泣かなかった…
ただ黙ってとてもかなしそうだった…

今あやまるのか！？
6年くらいたってないっ！？

トリペあの時はホントゴメン…！！

あ…うん…

なんとなくは覚えてた

何でかは忘れたけど
怒られたのは
覚えてるっ

104. 何から何まで

なんか
申し訳ないなァ…

お義母さんにお世話をしてもらう
ことに恐縮していた私ですが

ほんと
すみません…
いたれりつくせりで…
授乳ブラとか

…下着まで洗たくしていただいちゃって
もう何と申しましょうか…

お買い物は近所のスーパーに
行ってくれるのですけど

あそこお茶がめちゃくちゃ充実してるのよ…!!
へー…
知らなかったよ…

スーパーは行く人によって
見ている場所がちがう…

105. 赤ちゃん返り!?

おはよー…
モッチン…

起きてたの?お姉ちゃんは保育園に行ってくるからね
待っててね
なでこ
なでこ

起きたらすぐにモッチンに
ベッタリのトリペ…

イカ!!
え…コレ赤ちゃん返り…?!
まさか…
思ってたのとちがう…
イラ
イラ
メラ
メラ
帰ってきた
魔の2歳(風)

しかし大人には
全力で厳しい…　全力でいじわる…

106. いじわる全開

本当にありがとうございましたっ
助かったよー

1週間いてくれたお義母さんが帰る日…

じゃあねトリペちゃん

は?!
コラ…ッ
もうきちゃだめだよ

いじわる全開のトリペ

やだよまたくるもん
さすがの
切り返し
おう…

トリペおばあちゃん助けにきてくれたのに
あんないじわる言ったらもう来てくれないよっ
聞こえないフリッ
スタ スタ スタ

泣くくらいならやらなきゃいいのに…
おーい おーい
反省

そうと分かったら…!!
トリペ おいで モッチンねんねしたから 絵本読んであげよう
スキなの もっといで
えっ いいの?!
ヨロッ…
バサ
ブッフォ
読んで 読んで 10冊
いったい どうして
バウムクーヘン どこへゆく
おお ニッコリトリペが戻ってきた
楽しかったねー お母ちゃん!!
翌日
ムッス～～
戻ってきたの 一日だけかいっ

107. 天使と悪魔

お口ふこうね
ヨダレ…

保育園に行く前と帰ってきてから
モッチンに全ての愛情を
ふりそそぎ…

な… なんなん…
ごらんのありさまですけど なにか?!
イラ
イラ
おしっこまにあわなくて

後はさわる者みな傷つける
トリペです…

赤ちゃん返りって 赤ちゃんぽくなることや ないんかーっっっ
ほ乳びん使いたがったりとか
たくさん抱っこしておきますね
しばらくは仕方ないと思いますよ
保育園の先生

…これもどうも赤ちゃん返りというもの
らしいです…

108. マイペース

フニャッ
フニャッ
赤ちゃんって1~2時間ごとに
泣いて起きるじゃないですか…
上の子どうするんだろって
思ってたんですよ…（寝不足とか…）
あ…起きないんだ…
ぐおー
すこー
すこー
うっくん
うっくん
ビクーッ
モデル
トリペ
赤ちゃんってちょっとした物音で
すぐ起きるしなかなか寝つか
ないじゃないですか…
どうするんだろって思ってたんですよ…
ギャー
あ…気にせず寝るんだ…
んぐ
んぐ
うつら
うつら
あ…今は寝ないんだ…
結論：まわりは気にせず
寝たいときに寝る

109. 色メガネ

もうねー上のコと下のコ双子だと思うといいよ!!
3歳ちがうけど
姉妹って考えるからややこしいの!!
先パイママから聞いていた赤ちゃん返り対処法…
はー!! 双子!! 分かった!!
なるほどなるほど
ブカ
ブカ
文句言わない小さきヒト
トリペちゃんが先にやろうとしてたのにーっっっ
カン
カンカン
理不尽なキレ方ばかりしている大きいヒト…
双子ってそんな…
どんな色メガネでみたら…

110. ご希望は…？

「お姉ちゃん」って言わないようにしよう…
がんばりすぎちゃうかもしれないから…
1つ決めていたコトがありまして…
トリペお姉ちゃん帰ったわよーっっ
ズサーーッ
お姉ちゃんが用意するよー
お風呂よー
お姉ちゃん…って
呼んであげた方がいいのか…？
空気が読めないワタシ…

111. おこられる

下は泣かない
楽
そうなの?
え?

…とは聞いていたが

あっ寝てる…

ぐぅ
ぐぅ

← 勝手に寝てたりもする

確かに  と比べると

泣きは少ない気がする…

食べたらいくよーん
あいよ~
返事だけ
ふえっふえっ

それに こっちが あまり"泣き"を気にしないのもある…

それからうさぎさんは
たいくつ知らず

トリペが面倒をよく見てくれている、というのもある

ピギャーッ
早く抱っこしてあげてよっ
かわいそうでしょっ
あっハイ…すいません…

あまり放置すると怒られる…

よかったわねーモッチンこ♡
ね♡

こんなに(モッチンにだけは)優しいのに
親には荒れくるっているトリペ…

コンニチハー
コンニチハ

だっこだっこの
ねこざかな

撃沈…
ぐぉ
ぐ
??

お…おつかれさまです…

112. おばあちゃんがやってきた

このたびはタロさんのお母様に大変お世話になって…!!

松山から母がやってきた

モッチンちゃん!!
はじめまして
モッチンかわいいでしょー

モッチンと少し遊んだ後

よしっトリペちゃんあそびに行こうっ
えっ三輪車で公園行っていい?

行こう行こう
ワーーッ

113. 同じ大きさ

おめでとー
タイつってきたどー

つり好きのおじがおばとやってきた

同じ大きさ!!

パシャ
パシャ
友だちか…
すごいすごい
まったく同じ大きさ!!
ハハハ
パシャ

…タイと並べられて写真をとられまくるモッチン…

…食べても食べても終わらん…

タイはその後大量のお刺身になった…

114. …いいの？

1ヶ月健診へ行きました

あ…一日平均54g増えてますね…
通常15〜30gくらいなんですが
ツヤ
ツヤ

ずっとグラフからはみ出て小さかった
モッチンの体重は平均値より
上の位置にいた…

他の検査中

そして私は…
といいますと…

まだいた!!!
異動するんじゃなかったのか…
まあ私は直接聞いてないんだけど…
概ね良好ですね何か質問は
質問はってアータ
いやいやいや
あの…そもそも何で子宮内胎児発育遅延だったんでしょう…
胎盤調べたら分かるって言ってましたよね…
あー
えーと
2500g超してたから胎盤調べないですてちゃってるわ
え゛ーーっっ?!!
ま何でもなかったからいいじゃない
い…いいのか…?!
なんだかよく分からないまま病院卒業…

115. どこまでも！

夕方トリペと久しぶりに
2人で散歩
この間ねぇ…
トリペちゃんが行きたいところに行っていいよ
どこまでも行けるところまで行っていいよ
えっ
…っておばあちゃんが言ってくれてね…
ふり返ったらいっつもおばあちゃんがいるの…
トリペちゃんどこまでも どこまでも
行ける気がしたんだよ…

なにそのステキな話…!!
よしっトリペッ
じーん…
今日もトリペがスキなところ行っていいよっ
えっいいの?!
ウンッッ トリペが行きたいとこへどこまでも!!
シーロちゃん

え…えーっと トリペさん…
お母ちゃん おなかすいてきましたが…
どこまでも行くよーっ
ひーーーっ
なんで…私は……軽々しく あんな ことも……
ひぃぃぃぃぃぃ
めし!!
ギュ〜
めしは どこいったーっ
その頃のモッチン…

肺炎で40℃出して
点滴に通いながら乳…
ス

知らんかったんヤァ〜〜!!!
ほ乳びんを慣らす
必要があったなんて!!
ほ乳びん使えないと
預けられないって!!!
…という反省をふまえ…

モッチン
おいしい?
おいしい?

お風呂あがり不本意な
表情でほ乳びんから白湯を
飲むモッチン…

なんとも
いえない
表情は
変わらず…

その日々の練習のおかげか
ほ乳びんOK赤ちゃんに
なったモッチンであった…

116. ほ乳びん トレーニング

乳!!
楽!!
ハハハハハ

トリペのとき…
乳onlyで育てていたら…

プッ

ほ乳びんを
払いのける乳児
コレ
チガウ

ほ乳びんが使えず
苦労した…

トリペちゃん
飲んでくれなくて
ひー…っ

117. 赤ちゃんだっこ

じーー…
…トリペも赤ちゃんだっこして…
赤ちゃん返りっぽい発言!!
!!
お…おう!!

ほいっっ
わ〜!!
で…でっか!!
わーい
赤ちゃんだっこじゃなくてお姫さまだっこだ…
お…大きくなったなあ…
へへへ…
改めてびっくり…

118. 指しゃぶり

??
えーっっっ
赤ちゃん返りと言ったって赤ちゃんのときはしてなかったじゃん!!!
チュウチュウ
なぜか始まった指しゃぶり…
かなり優先させてますよ？トリペさん…
これ以上私にどうしろと…
なんで？
ハラハラ
もう一体全体どうしたらいいのさ状態…
ねェねェ赤ちゃん返りってどれくらい続くの…
え？ウチは半年くらいあったかなー
大変でしょーアレ…
←先パイママ

半年
ゴーン
マジデスカ…
心が… 折れる音がした…
ぬを〜
魔の2歳がおわったら!!
次は赤ちゃん返り…!!
…私…1,2ケ月くらいで終わるかと…
ぞくり
そんなわけないじゃん
大人だって初産のとき生活慣れるの半年くらいかかるのにー
先生…次々でアレですが指しゃぶりが始まってしまいました…
どうしたら…
やりそうだなーという時に手あそびしたり手をつないだりしてあげたらいいですよ〜
あまり意識させない方がいいかも!!
また保育園に相談…

119. 楽です、2人目！

フェッ
フェッ
ダッ
ふにえ〜
第一走者
モッチンが泣くと
まずかけつけるのはトリペ
お姉ちゃんきたわよっ
よし
よし
ゴロン
どんぐりコロコロどんぐりコ〜
いや〜 楽だわ〜2人目…
赤ちゃん返りはめんどうだけど…

120. いつだって全力

レゴ好き →
お母ちゃんもきなよ!!
あーうん おっぱい終わったら様子みにいくわ〜
様子みにくるだけじゃダメだよっ
ちゃんとやりにこなきゃ!!
あ… すいません…
いつだって全力のトリペ…

121. 自作の紙しばい

終わったら吹いてね
保育園でつくってきた
ぼわっ
?
終わったらって言ったでしょ!!
なんで今吹くのよっ
んしょ…
ズ…
?

紙しばいやってあげるからね
見やすい場所に動かしてくれたのか…
そこでカラスがきていいました
あれっ絵がちがうちょっと待っててね…
カラスカラス…
トリペ自作の紙しばい意外にキッチリしてる…

122. ツウ

今日　何食べたい?
んっとねー
白いごはんとー
あさりのスープと…
魚の皮
…ツウだね…

123. 何役?

今日トリペおうちごっこしたんだ
みんなでー
へ〜〜何役やったの
犬役
ワンワン!!って
へー何犬?
犬役なんてあるのか…
名犬
…すばらしい役じゃないか…

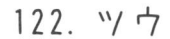

124. お宮参り

お宮参り行かな!!
第2子では時は流れるように進む…
モッチンは退院の時のヒラヒラでいいね!!
トリペはこのスカートにブラウスでどうか!!
よしよし行きますか…

…私…こんなにゴツかった…?
あつい…
みっちり…
大丈夫大丈夫
さあ行こうモッチン
頭をお下げください
避難訓練とまちがえてないかな…
無事ご祈祷終了…

いやーよかった ヤレヤレ…
おいで モッチン
つんつるてん
裸足
見てなかった!! アタシ!!
ものすごく変な 格好してるじゃないかっ 主役!!
えっ？ そ… そうっ？
…なんともいえない写真を 残してしまった…

125. バランス？

どでん
トリペ… 何やってるの…？
人の布団で…
…でんぐり返しの 練習…
えっ?!
でんぐり〜 りん〜
でんぐり返しと いえば1歳トリペの 得意技だったじゃ ないですか!!
えーっ
トリペ できてたの?!
えーっ
覚えてないの?!
押してあげるから やってみ!!
コロン
!!
何回か転がしたら できたものの
わーい!! できた できた!!
ふしぎな ことも あるもんだ…
身体のバランスがかわったから…？

126. 油断大敵

バタバタしないよ!!
あぶないしめいわく!!
ギャーーニッッッ
!?
びっくぅ!!
えっ・えっ・何??どうしたの??
何で両方泣いてるの?・
ギャーーッ
ギャーーッ

トリペわざとじゃないけど
モッチニのあんよちょっぴりふんじゃって…
ええええっ
このギャン泣きはちょっぴりじゃないだろ…
びっくりして泣いてる
ギャアアアアア
ひっく ひっく
モッチニ大丈夫か〜
…よかったね…
ホー…
大丈夫そう…
ヨミ!!
んぐ
お下がりいただいた
モッチニいいなア〜
バウンサー導入…!!

大人はある程度あそぶと
休んでしまったりしますが

いつも全力のトリペは休んだりしないので

127. いないいない…はぁ…

おしゃべりが始まった
モッチン

語らう2人

トリペの…アホな顔が
モッチンのツボに…

すごい顔して
笑ってる…!!!

128. 指しゃぶり2

んくー
んぐー
フリ
フリ

手をふりながら…

あぐ
あぐ

最初は手を発見

スポ!!

その後偶然指を発見

あー…
チュッ
チュッ

指しゃぶりが始まりました…

チラ

…そういやトリペ最近指しゃぶりしてないね…
えらいじゃん…
うん…
うん…

トリペもモッチンも
日々成長してるんだな…

129. 理由

今日もかぞくごっこで犬役やったー
ワン ワンて
今の時代おままごとっていわないのね…
…なんでいっつも犬役なの…
だって犬役らくなんだよ
エサもらってワンワンいってあそんでればいいから…
お母さんは仕事と料理でいそがしいしね…
分かる!! お母ちゃんも同じ理由でおままごとでは「子ども役」やってました!!

130. おうかがい

ウト ウト
泣くので腹の上にのせていた
寝てしまっていた…モッチンは…寝てるのか?
静かだけど…
おそるおそる…
パシャー
ひっ
起きてるっ
やぶにらみ…
……

131. 対決！ 母娘

乱暴
最近口が悪いトリペ
ずももも…
ワガママが過ぎる…
何回同じコトで叱られたら気がすむんじゃ…
私も堪忍袋の緒が切れることもありまして
お母ちゃんは頭にきたので
部屋にこもりますっ!!!
プシュ
!!
ピシャーン

コっちがイヤじゃーっ
ギャーッ いやだあーっ
ド
ド
お母ちゃん…ごめんなさい…
フンッ
え？
キャ
キャ
うっくーん ふぐー
そー…

132. 熱血トリペ

ペチャン…
腹ばいにしてみた…
練習練習
お母ちゃんみてるとこでやってるから大丈夫
その声は…
なにしてんのっ
かわいそうでしょ
トリペおねえちゃんっ…
ぐっっ
!!
わーっっ
モッチン
すごいーっ
なでこ
なでこ
ああっ
モッチーン
がんばって!!
こうよ!! こう!!
フウ…
ペタン
ぐっ
すぐ白熱する姉…
ぐおー
ハハハ
んっくー
何事もなかったかのように遊んでる…
どどういうこと…?
??
幼児はすぐ忘れる…
ぐがががが…
あれ
スッ
お母ちゃんどうしたの
トイレッ
もう二度とろう城はすまいと心にちかう…

133. お年頃

あっトリペちゃん!! この間ユーくん泣いてたとき
抱っこしてあげてたでしょっ やさしいねー!!
保育園のクラスメイトのお母さん
へー!! トリペ優しいじゃん!!
…そんなことしたっけ… 忘れちゃったわ…
スッ
スタスタスタ
善行をほめられるにも照れが生じる
びみょうなお年頃に…

134. 雷

あっ雷…
ゴロゴロゴロゴロゴロゴロ
はやくっ モッチンのおへそかくして!!
ぐいっ
えっ?! あ…っハイ…
お母ちゃんもちゃんとかくしてる?!
手でへそをおおってる
トリペは雷が苦手…

いやだあ〜っっっ
あ一応イカとは
思ってくれるの…
喜ばれたら
どうしようかと
思ったわ…
あっ
優しいお母さんが
足りないときは
ヤマンバの場合も
ありますって
かいてある!!
ギャーッ
いやだああ
ヤマンバなんか
いやだあーっっ
うっくーん
元々の話も
相当妙ちきりん
だったじゃない…
妙な話の
広げ方すんなっ
なんだ役所から
ヤマンバって

135. お母さん交代

赤ちゃん返りだか
反抗期だか
なんだか
知りませんけど
フ…
つかれた…
最近トリペを叱ってばかりいるような…
トリペさー…
人間怒りすぎると
鬼になるわけ…
そしたら鬼の山に
行かなきゃいけなく
なるじゃない…?
鬼!?
疲れすぎて訳の分からない
話をし出す母…
…お母ちゃん鬼になって
山に行ったら役所から
新しい優しいお母さんに
きてもらいなよ…
そしたら一件
落着だ…

136. 父の日

父の日だから お父ちゃんに おてがみあげるんだー
お母ちゃん字を かいてくれる？
いいよー なんてかく？
「めがねが すきです」って かいて～

137. トリペとトランプ

えーっトランプって もうできるの!!
お兄ちゃんと 一緒にやってるよー
お兄ちゃんがいる
保育園のクラスメイトのお母さんに聞く
第一子だと情報というか 発想がないわ… 遊びの進化に…
そっか そっか もうトランプ できるのかー
おお…
へー もう トランプ できるんだー
やってみると ババ抜きとぶたのしっぽが
できることが判明
ワーイ
ワーイ
トリペ全勝…

138. 気をつけて！

首が座る前は全員が
力の入った抱っこだったのが

首が座ってからは

だいぶん抱っこも安定…

…してない…

139. げんこつ山

両手をもって…
げんこつ山の♪
タヌキさん〜♪
トリペがかって大スキだった
げんこつ山のタヌキさんをやる…
ニッコー!!
おっぱいのんで〜
いつもこの場面で
なぜか超笑顔になる
かわいい!! かわいい!! もっかいやって!!
デレ
デレ
なぜかトリペに何度も
せがまれる…

140. 涙のわけ

どうしたどうした
ギャーーッ
ナゾのギャン泣き…
おっぱいでもオムツでもない…
ギャアアアア
なんなんだろねー……
たっだいまー
ギャアアアアアア
↑遊びにいってた
どうしたどうしたモッチーーン
えっ…まさかの姉さがし…?!
ウックー
ピタリ
おお…お姉ちゃんさがしてたの?

141. トリペの王子様

先日おじいちゃん
おばあちゃんちに行きまして

ふおおおおお…

お土産に、と買ってもらった
プリンセスドレス

スッ
手製のカボチャ

シンデレラのイメージかしら…
ごきげんよう

日々あいさつの練習に余念がなく…

ボリボリ
あ〜あぢいっっ

王子様はなにしてるのかしら…
だばだば
← 王子様

汗だくで短パンで
ペットボトルで植木に水を
やっています…

142. ホントは…

さらっと
トリペはさ~お母ちゃんよりお父ちゃんの方がスキなんだよー
そんな…質問してもないことを…
は…?
な…なんで…?
お母ちゃん怒ってばっかりだもん お父ちゃんはあまり怒らないしね…
お着がえ中
毎日乳仕事で寝不足
怒らなくてすむならどんなに楽か…
…とは思ったものの一応反省はしたんですよ…
…からの翌朝
トリペいいかげんトイレ行きなっ
だから出ないのっ

おしっこくらいスッと行けスッと…
長時間の押し問答の末やっとで行くトイレ…
ジャー
出なかった!!
カン カン
ドス
ドス
出なかったんなら!!
じゃあ水流さなきゃいいじゃん!!
しょうもないウソつくんじゃないっっ
…ホントは出た…
私…悪くない気がする…

143. 寝返りモッチン

コロン
!!
モッチこどうしたのっまわったの?!1人で?!
うっくーん
ふぐーっ

ふっくー
出せない
もしかしてっ
あっ手が困ってるの?!
あっお母ちゃん!!モッチこまわったのよ!!
…なにをしてんだー
?

モッチン初の寝返りを
発見したのはトリペであった…

144. トリペ大忙し

あっモッチこが困ってる!!
うっく——ん…
また手ってが出せなかったの?
ふんぐー
えっ?! もしかして戻りたいの?
ふんぐー
コロン
よかったわね
ふんぐ～
も—っっ また まわったの?!
うっく——ん
「寝返りから元に戻す」という仕事が新たに加わり忙しいトリペ…

へへへ…
トリペがピンチのときはいつでも助けるよ〜
そんなのお礼言わなくても〜

そういえばトリペはこの半年ほど
ずっとモッチンを助けてかわいがって
くれていたなあ…

んぐー
まだ生まれて3年ちょっとだったのにエライものだ

モッチンと比べるとずい分大きく感じてたけど
まだまだ甘えたい盛りだよな…

モッチンがやってきて約半年…（ように思える）
赤ちゃん返りもずい分落ち着いてきたトリペ姉さん

まだ迷路やるって言ってるでしょ!!
ギャー
一体いつまでやるんじゃっ
寝る時間なんだってば!!

もうすぐ4歳です…!

145. もうすぐ4歳

お母ちゃん…

この間はたくさん抱っこしてくれてありがとう…
トリペうれしくて涙が1つぶ出たんだよ…
えっ

おもい〜 長い〜〜
ひい
ひい

そういえば数日前、あそびすぎてフラフラになったトリペを
抱っこして連れて帰ったんですよ…
（しかもすごいのぼり坂…）

おわりに

「次回は第二子の妊娠を軸に」と予言をして終わったトリペと4。
2回目の妊娠ということで、もう余裕かなーって思っていたんです。
…ちがうんですね…。
同じ人間が妊娠しても、同じようにすすむわけではないんですね…。
トリペと1で「妊娠出産は100人いたら100とおり！」とあとがきに書いたのですが「同じ人間でも100妊娠、100とおり！」でもございました。
今回の妊娠は、私が謎の体調不良に、モッチンも謎の発育遅延という謎ばかり抱えて、正直なんだかよく分からないまま日々が過ぎていきました。
きっと1人目だったら、もう少し色々悩んでいたりしたのかな、とも思うのですが、そこはトリペの妊娠出産育児という年月が「悩んでもなにも変わらない。日々はなるようになっていくのみ」を私に授けてくれたのかもしれません。
そして、とにかくトリペ本人の存在。子どもというのは、親に考え悩む時間を与えませんね…。それはとてもありがたいことだなと日々感じています。

今回この本を描きおろすにあたり、当時の連絡帳や、メモを掘り起こしてみればみるほどトリペはがんばっていたなあ、と思い出します。
「おうちに赤ちゃんがやってくること」この人生最大級の大きな出来事を、3歳という小さな存在が受け止めるのですから、それはそれは大きな負荷がかかることなんですよね…。
でも当時の私は分かってなかったなあ。頭でしか分かってなかった。先輩ママたちに「とにかく上の子優先にするんだよ！」って耳にタコができるくらい聞いていたのに。
目の前にこちらが完全に手をかけなくては大変な新生児がやってくると、おしっこも一人でできる3歳児はついたくましくみえてしまって…。
がんばってトリペを優先しようと頭では考えていましたが、結果的にはきっとトリペが我慢して折れてくれていたことが多かったんだと思います。
2人目はかわいいです。とってもかわいい。
でもその「かわいい」というのは育児に対しての余裕がくれる感情であり、そしてそれは、全ての初めてを一緒に経験してきてくれたトリペがくれたものでもあるんですよね。
新しい生活は慣れるまで大変です。
特に家族が増えるというのは、大きな変化です。
けれど、人が増えるというのは、その人1人分の楽しいこと、
おもしろいことを運んできてくれます。そして思うのです。

姉妹でも、やはりちがう人間だな、と。
同じ経験をしても感じ方も受け止め方もちがうのだな、と。
親子でも、きょうだいでも、家族でも、夫婦でも。
人はそれぞれちがう人間です。
似ているところもあるけれど、ちがうことを考え、ちがうように受け止め、ちがうように感じる。
その当たり前のことは、生まれて1年もたたないうちにもうできあがっているのですね。

願わくば、ちがう価値観をそれぞれ持ちながらも、仲良くやれることが多い人生であればいいなと思います。
でもちがう人間だから、それぞれが好きなように自分の人生を切り開いていってくれるといいなと思います。
むせそうになるほど心の底からゲタゲタ笑い合う姉妹をみて、よくそう思うのです。

最後になりましたが、今回はなかなかのスケジュールの中、みんなが白眼むいてがんばってくれました。
編集Y&Nさん。作業を手伝ってくれたS&M嬢。夫にトリペ&モッチン。
みなさん、本当にありがとう。心の底からありがとう。

そして今回は、トリペとシリーズをご愛読くださったみなさんから、ツイッターでたくさんの素敵な帯コメントをいただきました。
「終わらないかも…」と思っていた当時の私に希望の光を点してくださってありがとうございました。

そしてそして。

本書を手にとってくださいました皆様。
みなさまが読んでくださること。
これこそが、「トリペと」シリーズを描く私の大きな力となっております。

本当に本当にありがとうございました。

２０１５年　吉日　コンドウアキ